m

Misal para niños

2014

José Amado Fernández, S.J.
Miguel Romero, S.J.
Ilustraciones de Ale Barba.

Buena Prensa

Obra de los jesuitas de México al servicio de la misión de la Iglesia

Misal para niños

2014

Textos litúrgicos: Conferencia del Episcopado Mexicano.

Director general: Miguel Romero, S. J.

Subdirector: Cristóbal Orellana, S. J.

Textos catequéticos: José Amado Fernández, S. J.

Ilustraciones: Ale Barba.

Edición editorial: Analy Cortizo G.

Con las debidas licencias.
Hecho en México.

Derechos © reservados a favor de:

Obra Nacional de la Buena Prensa, A.C.
Orozco y Berra 180. Sta. María la Ribera
Apartado M-2181. 06000 México, D.F.
Ventas: Tel. (55) 5546 4500, exts. 111 a 117
Sin costo para usted: 01 800 5024 090
Fax 5535 5589 • ventas@buenaprensa.com

www.buenaprensa.com

MÉXICO, D.F.: • Ribera de San Cosme 5, Col. Sta. Ma. la Ribera. Tels. 5592–6928 y 5592–6948. • Orizaba 39 bis. Col. Roma, Tels. 5207–74 07 y 5207–8062. • Congreso 8, Col. Tlalpan. Tels. 5513–6387 y 5513–6388. • Donceles 91, Lcs. 25 y 115. Pasaje Catedral. Centro. Tels. 5702–1818 y 5702–1648.

CHIHUAHUA, CHIH.: Av. Tecnológico 4101, Plaza Comercial San Agustín. Col. Granjas. Tels: (614) 410-9461 y 415-0092.

CULIACÁN, SIN.: Jesús G. Andrade 214 Oriente, esq. Ángel Flores. Tel. (667) 712-4088.

GUADALAJARA, JAL.: Madero y Pavo, entre Federalismo y 8 de Julio, Sector Juárez. Tels. (33) 3658–1170 y 3658–0936.

GUADALUPE, ZAC.: Calle Jardín de Juárez 10. Tel: 01 (492) 899-7980.

LEÓN, GTO.: Hermanos Aldama 104. Col. Centro. Tel. (477) 7 13 79 01

MÉRIDA, YUC.: Callejón del Congreso #490 B. Col Centro. Parque La Madre. Tel. (999) 9280-340.

MONTERREY, N.L.: Washington 812 pte. esquina con Villagómez, Col. Centro. Tels. (81) 8343–1112 y 8343–1121.

PUEBLA, PUE.: Blvd. Valsequillo 115, Plaza Crystal, locales 9-12. Col. Residenciales Boulevares. Tel. (222) 211-6451.

TIJUANA, B. C.: General Juan Sarabia (Calle 10) 8570. Col. Zona Centro. Tel. (664) 634-1077.

TORREÓN, COAH.: Calz. Cuauhtémoc 750 Nte. Centro. Tels. (871) 793-1451 y 793-1452.

TUXTLA GUTIÉRREZ, CHIS.: Tercera Oriente Sur 165-3. Col. Centro. Tel: (961) 613-2041.

Certificado de Licitud de Título y Contenido, Nos. 12762 y 10334 respectivamente, otorgados por la Comisión Calificadora de Publicaciones y Revistas Ilustradas. Certificado de Reserva de Derechos de Autor No. 04-2005-121409312600-102.
Se terminó de imprimir esta 14ª edición el día 31 de julio de 2013, festividad de san Ignacio de Loyola, en los talleres de Offset Multicolor, S.A. de C.V. Calz. de la Viga 1332 Col. El Triunfo. México, D.F. Tel: 56 33 11 82.

TENGO UNA CITA

Este libro te va a ayudar a participar mejor en las Misas de los domingos y en algunas fiestas importantes del año 2014. Primero viene una parte pequeña que explica las palabras y posturas que no cambian en todas las Misas. Después vienen las lecturas que cambian cada domingo.

En familia puedes hacer una lectura antes de ir a la Misa. Esto te servirá como preparación. Además, durante la misma celebración, en algunas ocasiones (cuando el sonido no es bueno, o cuando estás más inquieto o distraído) este *Misal* te podrá ayudar para que tú hagas una lectura en voz muy baja, al mismo tiempo que los lectores.

Cada domingo tienes una cita.

LAS CUATRO GRANDES PA
DE LA MIS

LA REUNIÓN

El Señor nos reúne.
Le pedimos perdón a Dios.
Le damos gloria a Dios.

LA PALABRA

Escuchamos la Palabra de Dios.
Proclamamos nuestra fe.
Rezamos por todo el mundo.

**Lo que se necesita
para celebrar la Misa:**

Los libros con las oraciones (Misal) y las lecturas (Leccionario).

TES A

En las siguientes páginas vas a encontrar las frases que dice el sacerdote y las respuestas que todos nosotros damos juntos en cada una de esas partes. Además, vas a encontrar algunas explicaciones y las respuestas a las preguntas sobre la Misa que más se hace la gente.

LA EUCARISTÍA

Le presentamos a Dios el pan y el vino para que sean convertidos en el Cuerpo y la Sangre de Jesús
Le damos gracias a Dios.
Con Jesús, ofrecemos nuestra vida a Dios.
Decimos el Padrenuestro.
Nos damos unos a otros la paz de Cristo.
En la Comunión recibimos a Jesús como alimento.

EL ENVÍO

El Señor nos envía:
a nuestras casas
a vivir el Evangelio

Pan y vino. La Misa siempre es la conmemoración (hacer actual) de lo que Jesús hizo en la Última Cena con sus discípulos antes de morir.
El pan que se usa tiene forma de obleas –hostias–.

Un sacerdote que hace presente a Jesús y actúa en su nombre.

El ambón es el lugar desde donde se proclama la Palabra de Dios.

Las vinajeras son dos botellas: una tiene vino y la otra agua.

El altar es la mesa en la que el sacerdote consagra el pan y el vino.

5

LA REUNIÓN

El Señor nos reúne

Nos reunimos en la iglesia con nuestros familiares, amigos, vecinos, con personas que están de paso, con desconocidos. Estamos aquí porque Jesús nos invita.

Cuando el sacerdote entra, nos ponemos de pie y cantamos. Después hacemos la señal de la cruz junto con el sacerdote.

Sacerdote: En el nombre del Padre, y del Hijo, y del Espíritu Santo.

Todos: Amén.

Algunas veces las fórmulas cambian un poco, pero ordinariamente el sacerdote dirá:

Sacerdote: La gracia de nuestro Señor Jesucristo, el amor del Padre y la comunión del Espíritu Santo estén con todos ustedes.

Todos: Y con tu espíritu.

Le pedimos perdón a Dios

Nos dirigimos a Dios. Ante él reconocemos el mal que hemos hecho y nos arrepentimos de no haber hecho el bien. Dios, que nos conoce y nos quiere, nos perdona.

Sacerdote: Hermanos, para celebrar dignamente estos sagrados misterios, reconozcamos nuestros pecados.

En silencio cada quien reconoce sus faltas y se deja tocar por el cariño de Dios, que perdona.

Todos: Yo confieso ante Dios todopoderoso y ante ustedes hermanos, que he pecado mucho de pensamiento, palabra, obra y omisión.

(Dándote tres golpes en el pecho, dices la siguiente frase):

Por mi culpa, por mi culpa, por mi gran culpa. Por eso ruego a santa María, siempre Virgen, a los ángeles, a los santos y a ustedes, hermanos, que intercedan por mí ante Dios, nuestro Señor.

Sacerdote: Dios todopoderoso tenga misericordia de nosotros, perdone nuestros pecados y nos lleve a la vida eterna.

Todos: Amén.

El sacerdote o cantor:

Sacerdote: Señor, ten piedad.

Todos: Señor, ten piedad.

Sacerdote:	Cristo, ten piedad.
Todos:	Cristo, ten piedad.
Sacerdote:	Señor, ten piedad.
Todos:	Señor, ten piedad.

Le damos gloria a Dios

Reconocemos la grandeza de Dios cuando decimos "Gloria a Dios". Esta oración comienza con el canto de los ángeles cuando anunciaron a los pastores el nacimiento de Jesús.

Todos: Gloria a Dios en el cielo,
y en la tierra paz
a los hombres que ama el Señor.
Por tu inmensa gloria te alabamos,
te bendecimos, te adoramos,
te glorificamos,
te damos gracias, Señor Dios, Rey celestial,
Dios Padre todopoderoso.
Señor, Hijo único, Jesucristo.
Señor Dios, Cordero de Dios,
Hijo del Padre;
tú que quitas el pecado del mundo,
ten piedad de nosotros;
tú que quitas el pecado del mundo,
atiende nuestra súplica;
tú que estás sentado a la derecha del Padre,
ten piedad de nosotros;
porque sólo tú eres Santo,
sólo tú Señor, sólo tú Altísimo, Jesucristo,
con el Espíritu Santo
en la gloria de Dios Padre.
Amén.

Sacerdote: Oremos.

El sacerdote nos invita a hacer una oración. Él la dice en nombre de todos. Puede terminar así:

Por nuestro Señor Jesucristo, tu Hijo, que vive y reina contigo en la unidad del Espíritu Santo y es Dios por los siglos de los siglos.

Todos: Amén.

LA PALABRA

Escuchamos la Palabra de Dios

Éste es el momento para escuchar algunos textos de la Biblia. Acogemos a Dios que nos habla hoy.

Puedes seguir los textos de las lecturas en este mismo libro. Busca el domingo correspondiente y su fecha en la parte alta de las páginas.

Durante las dos primeras lecturas nos sentamos. La primera lectura casi siempre es un trozo del Antiguo Testamento. La segunda suele ser un pasaje de una carta escrita por un apóstol a los primeros cristianos. Entre las dos lecturas hacemos oración con el salmo responsorial, que conviene sea cantado. Nos ponemos de pie y cantamos el "Aleluya".

El Evangelio

Escuchamos atentamente un trozo del Evangelio:

Sacerdote: El Señor esté con ustedes.

Todos: Y con tu espíritu.

Sacerdote: Del santo Evangelio según san **N**.

Todos: Gloria a ti, Señor.

Con el dedo pulgar hacemos tres cruces: una en la frente, otra en la boca y otra en el corazón. Al final de la lectura, el sacerdote besa el libro de los evangelios y dice:

Sacerdote: Palabra del Señor.

Todos: Gloria a ti, Señor Jesús.

Homilía

Nos sentamos para escuchar los comentarios del sacerdote, que nos ayudarán a entender y aplicar la Palabra de Dios en nuestra vida.

Proclamamos nuestra fe

Acabamos de escuchar la Palabra de Dios. Para responder a ella, unidos a los cristianos de todo el mundo, proclamamos el "Credo".

Nos ponemos de pie.

Todos: Creo en un solo Dios, Padre todopoderoso, Creador del cielo y de la tierra, de todo lo visible y lo invisible. Creo en un solo Señor, Jesucristo, Hijo único de Dios, nacido del Padre antes de todos los siglos: Dios de Dios, Luz de Luz, Dios verdadero de Dios verdadero, engendrado, no creado, de la misma naturaleza del Padre, por quien todo fue hecho; que por nosotros, los hombres, y por nuestra salvación bajó del cielo,

(En las palabras que siguen, hasta "se hizo hombre", todos inclinamos la cabeza)

y por obra del Espíritu Santo se encarnó de María, la Virgen, y se hizo hombre; y por nuestra causa fue crucificado en tiempos de Poncio Pilato, padeció y fue sepultado, y resucitó al tercer día, según las Escrituras, y subió al cielo, y está sentado a la derecha del Padre; y de nuevo vendrá con gloria para juzgar a vivos y muertos, y su reino no tendrá fin.

Creo en el Espíritu Santo, Señor y dador de vida, que procede del Padre y del Hijo, que con el Padre y el Hijo recibe una misma adoración y gloria, y que habló por los profetas.

Creo en la Iglesia, que es una, santa, católica y apostólica. Confieso que hay un solo bautismo para el perdón de los pecados. Espero la resurrección de los muertos y la vida del mundo futuro. Amén.

En lugar del credo conocido como de Nicea-Constantinopla, que decimos la mayoría de los domingos, en el Tiempo de Cuaresma y Pascua se puede emplear el credo de los Apóstoles.

Creo en Dios, Padre todopoderoso,
Creador del cielo y de la tierra.
Creo en Jesucristo, su único Hijo, nuestro Señor,

(en las palabras que siguen, hasta "María Virgen", todos inclinamos la cabeza)

que fue concebido por obra y gracia del Espíritu Santo,
nació de santa María Virgen,
padeció bajo el poder de Poncio Pilato,
fue crucificado, muerto y sepultado,
descendió a los infiernos,
al tercer día resucitó de entre los muertos, subió a los cielos
y está sentado a la derecha de Dios, Padre todopoderoso.
Desde allí ha de venir a juzgar a vivos y muertos.
Creo en el Espíritu Santo,
la santa Iglesia católica, la comunión de los santos,
el perdón de los pecados, la resurrección de la carne
y la vida eterna. Amén.

Rezamos por todo el mundo

Es el momento de presentarle a Dios nuestras peticiones.
Es la plegaria universal. Le pedimos a Dios por la Iglesia, por toda la humanidad, por los que sufren alguna enfermedad, por los que están solos, por los niños desamparados, por los que viven calamidades naturales...

Después de cada petición todos repetimos una frase que se nos dirá antes de comenzar esta oración:

Todos: Te lo pedimos, Señor.

O bien: Escúchanos, Señor.

LA EUCARISTÍA

Le presentamos a Dios el pan y el vino

Aquí comienza la celebración de la Cena del Señor. Se ponen el pan y el vino sobre el altar. El sacerdote los presenta a Dios y todos bendecimos a Dios con él.

Nos sentamos. El sacerdote toma el pan y lo levanta delante de sí, diciendo:

Sacerdote: Bendito seas, Señor, Dios del universo, por este pan, fruto de la tierra y del trabajo del hombre, que recibimos de tu generosidad y ahora te presentamos; él será para nosotros pan de vida.

Todos: Bendito seas por siempre, Señor.

Sacerdote: Bendito seas, Señor, Dios del universo, por este vino, fruto de la vid y del trabajo del hombre, que recibimos de tu generosidad y ahora te presentamos; él será para nosotros bebida de salvación.

Todos: Bendito seas por siempre, Señor.

El sacerdote se lava las manos. Después dice:

Sacerdote: Oren, hermanos, para que este sacrificio, mío y de ustedes sea agradable a Dios, Padre todopoderoso.

Todos: El Señor reciba de tus manos este sacrificio, para alabanza y gloria de su nombre, para nuestro bien y el de toda su santa Iglesia.

El sacerdote dice en voz alta una oración propia del domingo, que puede terminar así:

Sacerdote: Por Jesucristo, nuestro Señor.

Todos: Amén.

Le damos gracias a Dios

En este momento le damos gracias a Dios por su Hijo Jesucristo, por la vida y por todo lo que nos da. Así comienza la gran Oración Eucarística.
En estas páginas encontrarás una manera de celebrar la Eucaristía, especialmente dirigida a los niños; en la página 12 encontrarás la manera más común de celebrar la Eucaristía con la gente grande (la Plegaria Eucarística segunda).

Sacerdote: El Señor esté con ustedes.

Todos: Y con tu espíritu.

Sacerdote:	Levantemos el corazón.
Todos:	Lo tenemos levantado hacia el Señor.
Sacerdote:	Demos gracias al Señor, nuestro Dios.
Todos:	Es justo y necesario.

El sacerdote dice una oración, que puede ser ésta:

Sacerdote: Dios nuestro, Padre bueno, tú has querido que nos reunamos en tu presencia para celebrar una fiesta contigo, para alabarte y para decirte lo mucho que te admiramos. Te alabamos por todas las cosas bellas que has hecho en el mundo y por la alegría que has dado a nuestros corazones. Te alabamos por la luz del sol y por tu Palabra que ilumina nuestras vidas. Te damos gracias por esta tierra tan hermosa que nos has dado, por los hombres que la habitan y por habernos hecho el regalo de la vida.
De veras, Señor, tú nos amas, eres bueno y haces maravillas por nosotros. Por eso todos juntos te cantamos:

Todos: Santo, Santo, Santo es el Señor, Dios del universo.

Sacerdote: Tú, Padre santo, que siempre piensas en las personas y no quieres estar lejos de ellas, nos enviaste a Jesús, tu Hijo muy querido. Él vino para salvarnos, curó a los enfermos, perdonó a los pecadores, a todos les mostró tu amor, se hizo amigo de los niños y los bendijo. Por eso, Padre, con el corazón agradecido te aclamamos:

Todos: Llenos están el cielo y la tierra de tu gloria. Hosanna en el cielo.

Sacerdote: Padre clementísimo, no estamos solos para alabarte, puesto que por todo el mundo tu pueblo te glorifica. Por eso, nos dirigimos a ti con toda la Iglesia, con el Santo Padre, el Papa **N.**, y nuestro Obispo **N.** También en el cielo la Virgen María, los Apóstoles y todos los Santos, te alaban sin cesar. Con ellos y con los Ángeles te cantamos el himno de tu gloria, diciendo a una sola voz:

Todos: Bendito el que viene en nombre del Señor. Hosanna en el cielo.

Sacerdote: Padre santo, para mostrarte nuestro agradecimiento, hemos traído este pan y este vino; haz que, por la fuerza de tu Espíritu, se conviertan en el Cuerpo y en la Sangre de Jesucristo, tu Hijo muy amado.

(Todos se ponen de rodillas)

Sacerdote: Así podremos ofrecerte, lo que tú mismo nos regalas. Porque Jesús, la víspera de su muerte, mientras cenaba con sus Apóstoles, tomó pan de la mesa y, dándote gracias, te bendijo, lo partió y se lo dio, diciendo:

"Tomen y coman todos de él, porque esto es mi Cuerpo, que será entregado por ustedes".

Del mismo modo, al terminar la cena, tomó el cáliz, lleno de vino, y, dándote gracias de nuevo, lo dio a sus discípulos, diciendo:

Sacerdote: "Tomen y beban todos de él, porque éste es el cáliz de mi Sangre, Sangre de la alianza nueva y eterna, que será derramada por ustedes y por muchos para el perdón de los pecados".

Y les dijo también: "Hagan esto en conmemoración mía".

Padre santo, lo que Jesús nos mandó que hiciéramos, lo realizamos aquí con respeto; te ofrecemos el pan de la vida y el cáliz de la salvación, proclamando así la muerte y la resurrección de tu Hijo. Él es quien nos conduce bondadosamente hacia ti; acéptanos a nosotros juntamente con él.

Todos: Cristo murió por nosotros. Cristo ha resucitado.
Cristo vendrá de nuevo. Te esperamos, Señor Jesús.

Sacerdote: Padre bueno, tú que tanto nos amas, permite que nos acerquemos a esta mesa santa, y envíanos el Espíritu Santo para que recibamos el Cuerpo y la Sangre de tu Hijo, y lleguemos a ser un solo corazón y una sola alma.

A ti, Señor, que nunca olvidas a nadie, te pedimos por todas las personas que amamos: por nuesto Santo Padre, el Papa **N.**, y por nuestro Obispo **N.**, por nuestros papás, hermanos y amigos, y por todos los que han muerto en tu paz.

Acuérdate de todos los que sufren y viven tristes, de tu gran familia de los cristianos extendida por toda la tierra y de todos los que viven en este mundo.

Al ver todo lo que tú haces en favor nuestro por medio de Jesucristo, tu Hijo, nos quedamos admirados y de nuevo te damos gracias y te bendecimos.

Por Cristo, con él y en él, a ti, Dios Padre omnipotente, en la unidad del Espíritu Santo, todo honor y toda gloria por los siglos de los siglos.

Todos: Amén.

Plegaria Eucarística Segunda

Sacerdote: Santo eres en verdad, Señor, fuente de toda santidad; por eso te pedimos que santifiques estos dones con la efusión de tu Espíritu, de manera que se conviertan para nosotros en el Cuerpo y en la Sangre de Jesucristo nuestro Señor. El cual, cuando iba a ser entregado a su Pasión, voluntariamente aceptada, tomó pan, dándote gracias, lo partió y lo dio a sus discípulos, diciendo:

"Tomen y coman todos de él, porque esto es mi Cuerpo, que será entregado por ustedes".

Del mismo modo, acabada la cena, tomó el cáliz, y, dándote gracias de nuevo, lo pasó a sus discípulos, diciendo:

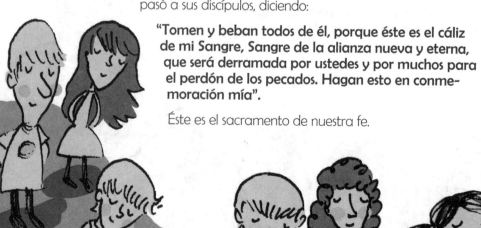

"Tomen y beban todos de él, porque éste es el cáliz de mi Sangre, Sangre de la alianza nueva y eterna, que será derramada por ustedes y por muchos para el perdón de los pecados. Hagan esto en conmemoración mía".

Éste es el sacramento de nuestra fe.

Todos: Anunciamos tu muerte, proclamamos tu resurrección. ¡Ven, Señor Jesús!

Sacerdote: Así, pues, Padre, al celebrar ahora el memorial de la muerte y resurrección de tu Hijo, te ofrecemos el pan de vida y el cáliz de salvación, y te damos gracias porque nos haces dignos de servirte en tu presencia.

Te pedimos humildemente que el Espíritu Santo congregue en la unidad a cuantos participamos del Cuerpo y la Sangre de Cristo. Acuérdate, Señor, de tu Iglesia extendida por toda la tierra; y con el Papa **N.**, con nuestro Obispo **N.**, y todos los pastores que cuidan de tu pueblo, llévala a su perfección por la caridad.

Acuérdate también de nuestros hermanos que se durmieron en la esperanza de la resurrección, y de todos los que han muerto en tu misericordia; admítelos a contemplar la luz de tu rostro. Ten misericordia de todos nosotros, y así, con María, la Virgen Madre de Dios, los apóstoles y cuantos vivieron en tu amistad a través de los tiempos, merezcamos, por tu Hijo Jesucristo, compartir la vida eterna y cantar tus alabanzas.

Por Cristo, con él y en él, a ti, Dios Padre omnipotente, en la unidad del Espíritu Santo, todo honor y toda gloria por los siglos de los siglos.

Todos: Amén.

Decimos el Padrenuestro

Jesús nos ha enseñado que Dios es el Padre de todos los seres humanos. Nos enseña a orar invocando juntos a nuestro Padre y juntos decimos o cantamos esta oración:

Sacerdote: Fieles a la recomendación del Salvador y siguiendo su divina enseñanza, nos atrevemos a decir:

Todos: Padre nuestro, que estás en el cielo, santificado sea tu nombre; venga a nosotros tu reino; hágase tu voluntad en la tierra como en el cielo. Danos hoy nuestro pan de cada día; perdona nuestras ofensas, como también nosotros perdonamos a los que nos ofenden; no nos dejes caer en la tentación, y líbranos del mal.

Sacerdote: Líbranos de todos los males, Señor, y concédenos la paz en nuestros días, para que, ayudados por tu misericordia, vivamos siempre libres de pecado y protegidos de toda perturbación, mientras esperamos la gloriosa venida de nuestro Salvador Jesucristo.

Todos: Tuyo es el reino, tuyo el poder y la gloria, por siempre, Señor.

Nos damos la paz de Cristo

Dios es nuestro Papá y nosotros somos hermanos y hermanas en Jesucristo. Para mostrar que somos de la misma familia, el sacerdote nos invita

a darnos una señal de paz.

Sacerdote: Señor Jesucristo, que dijiste a tus apóstoles: "La paz les dejo, mi paz les doy", no tengas en cuenta nuestros pecados, sino la fe de tu Iglesia y, conforme a tu Palabra, concédele la paz y la unidad. Tú que vives y reinas por los siglos de los siglos.

Todos: Amén.

Sacerdote: La paz del Señor esté siempre con ustedes.

Todos: Y con tu espíritu.

Sacerdote: Dense fraternalmente la paz.

En este momento, por medio de un apretón de manos, un abrazo, una palmada, un beso... deseamos la paz a las personas que están más cerca de nosotros.

Después decimos:

Todos: Cordero de Dios, que quitas el pecado del mundo, ten piedad de nosotros. Cordero de Dios, que quitas el pecado del mundo, ten piedad de nosotros. Cordero de Dios, que quitas el pecado del mundo, danos la paz.

En la comunión recibimos a Jesús

Al recibir la Comunión, el Pan de vida, nos alimentamos con la vida de Jesucristo.

El sacerdote parte la hostia y dice:

Sacerdote: Éste es el Cordero de Dios, que quita el pecado del mundo. Dichosos los invitados a la Cena del Señor.

Todos: Señor, no soy digno de que entres en mi casa, pero una palabra tuya bastará para sanarme.

Los que reciben la Comunión se acercan hasta el sitio en el que el sacerdote la distribuye y dice:

Sacerdote: El Cuerpo de Cristo.

Respuesta personal: Amén.

EL ENVÍO

El Señor nos envía a casa

Después de algunos avisos, el sacerdote nos da la bendición de Dios. Cada uno es enviado a compartir su fe, su tiempo, sus juegos, su trabajo, con todos los que encuentre durante la semana.

Sacerdote: El Señor esté con ustedes.
Todos: Y con tu espíritu.
Sacerdote: La bendición de Dios todopoderoso, Padre, Hijo y Espíritu Santo, descienda sobre ustedes.
Todos: Amén.
Después el sacerdote nos despide con alguna frase como esta:
Sacerdote: La alegría del Señor sea nuestra fuerza.
Pueden ir en paz.
Todos: Demos gracias a Dios.

Año litúrgico

A lo largo de todo el año los cristianos celebramos juntos los grandes momentos de la vida de Jesucristo: esto es el Año litúrgico.

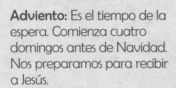

Adviento: Es el tiempo de la espera. Comienza cuatro domingos antes de Navidad. Nos preparamos para recibir a Jesús.

Navidad: La festejamos desde el día de Navidad hasta la fiesta del Bautismo de Jesús, incluyendo la Epifanía (la visita de los magos al Niño) en que celebramos que Jesús se haya manifestado al mundo.

Cuaresma: Durante 40 días, desde el Miércoles de Ceniza hasta la Semana Santa, nos preparamos a la gran fiesta de la Pascua, que es el momento más importante del año: la resurrección del Señor.

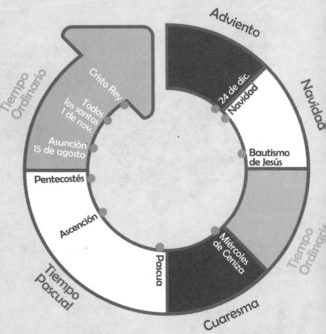

Tiempo Ordinario
Cristo Rey
Todos los santos 1 de nov.
Asunción 15 de agosto
Pentecostés
Ascensión
Pascua
Tiempo Pascual
Adviento
24 de dic.
Navidad
Bautismo de Jesús
Tiempo Ordinario
Miércoles de Ceniza
Cuaresma

Pascua: La Pascua la celebramos desde el domingo de Pascua hasta la fiesta de Pentecostés, o sea, la venida del Espíritu Santo.

El resto del Año litúrgico se llama Tiempo Ordinario.

Encontraron a
María, a José y al niño

■ **1° de enero** / Año nuevo / Sta. María,
Madre de Dios / Navidad / **Blanco**

Dios enseña a bendecir a su pueblo para que aprendamos a bendecir a las personas.

Del libro de los Números 6, 22-27

En aquel tiempo, el Señor habló a Moisés y le dijo: "Di a Aarón y a sus hijos: 'De esta manera bendecirán a los israelitas: El Señor te bendiga y te proteja, haga resplandecer su rostro sobre ti y te conceda su favor. Que el Señor te mire con benevolencia y te conceda la paz'. Así invocarán mi nombre sobre los israelitas y yo los bendeciré".

Palabra de Dios.
R. Te alabamos, Señor.

Del Salmo 66

R. Ten piedad de nosotros, Señor, y bendícenos.

Ten piedad de nosotros y bendícenos; vuelve, Señor, tus ojos a nosotros.
Que conozca la tierra tu bondad y los pueblos tu obra salvadora. **R.**

Las naciones con júbilo te canten, porque juzgas al mundo con justicia;
con equidad tú juzgas a los pueblos y riges en la tierra a las naciones. **R.**

Que te alaben, Señor, todos los pueblos, que los pueblos te aclamen todos juntos.
Que nos bendiga Dios y que le rinda honor el mundo entero. **R.**

2ª Lectura

Dios manda a Jesús a nacer entre nosotros para hacernos sus hermanos y que por esto seamos hijos de Dios.

De la carta del apóstol san Pablo a los gálatas 4, 4-7

Hermanos: Al llegar la plenitud de los tiempos, envió Dios a su Hijo, nacido de una mujer, nacido bajo la ley, para rescatar a los que estábamos bajo la ley, a fin de hacernos hijos suyos.

Puesto que ya son ustedes hijos, Dios envió a sus corazones el Espíritu de su Hijo, que clama "¡Abbá!", es decir, ¡Padre! Así que ya no eres siervo, sino hijo; y siendo hijo, eres también heredero por voluntad de Dios.

Palabra de Dios.
R. Te alabamos, Señor.

Evangelio

Los pastores adoran al Niño Dios y a los ocho días es circuncidado y recibe el nombre de Jesús.

Lectura del santo Evangelio según san Lucas 2, 16-21

En aquel tiempo, los pastores fueron a toda prisa hacia Belén y encontraron a María, a José y al niño, recostado en el pesebre. Después de verlo, contaron lo que se les había dicho de aquel niño y cuantos los oían quedaban maravillados. María, por su parte, guardaba todas estas cosas y las meditaba en su corazón. Los pastores se volvieron a sus campos, alabando y glorificando a Dios por todo cuanto habían visto y oído, según lo que se les había anunciado. Cumplidos los ocho días, circuncidaron al niño y le pusieron el nombre de Jesús, aquel mismo que había dicho el ángel, antes de que el niño fuera concebido.

Palabra del Señor.   *R. Gloria a ti, Señor Jesús.*

PARA PROBAR TU INTELIGENCIA

¿Cómo Le manifiesta a Dios su gratitud cada uno?

Completa con las siguientes palabras estas frases:

- **flores rojas, cremas o rosas**
- **ángel**
- estrellas
- diablito
- sonrisa llena de gratitud

Llegó la Navidad y el Año nuevo, y varios amigos platicaban diciendo:

■ Si tú fueras el cielo, ¿cómo le dirías a Dios que le agradeces ser taaaaan grande?

■ ¡Ah! llenaría de _____ la noche para que no fuera negra y obscura, sino que tuviera muchos chispitas de luz brincando por tooooodas partes.

■ ¿Y si fueras una planta, algo así como una noche buena?

■ ¡Ah! Pues me llenaría de _____ _____ que llenaran de alegría las casas.

■ ¿Y si no fueras ni cielo, ni planta, sino que fueras lo que eres: un niño?

Los niños se miraron sacados de onda y no sabían cómo responder, porque no tenían luz como las estrellas, ni pétalos como las flores.

■ ¡Ah! Pues es bien fácil! –dijo una comadrita buena onda que los estaba oyendo. Tendría una_____.

Ante esto el _____ dijo dizque muy indignado:

■ ¿Ya ven? ¡Dios es muy vanidoso y presumido! Hizo el cielo con estrellas, las plantas y las flores y a los humanos para que nada más lo admiren y aplaudan.

Pero el _____ que estaba muy aguzado le respondió al intrigante diablito:

■ ¡Ay diablito! ¡Si serás! Dios no hizo ni al cielo, ni a las plantas, ni a nadie porque necesitara de aplausos, sino para que fuéramos muy felices al ver que Dios nos daba todo porque nos quiere. Y el agradecimiento no es otra cosa que el tomar con gusto, de la mano de Dios, lo que nos da.

¿Dónde está el rey de los judíos?

■ **5 de enero** / La Epifanía del Señor / Navidad / **Blanco**

1ª Lectura

Dios anuncia que el Niño Jesús será la luz que ilumina a todos los pueblos.

Del libro del profeta Isaías 60, 1-6

Levántate y resplandece, Jerusalén, porque ha llegado tu luz y la gloria del Señor alborea sobre ti. Mira: las tinieblas cubren la tierra y espesa niebla envuelve a los pueblos; pero sobre ti resplandece el Señor y en ti se manifiesta su gloria. Caminarán los pueblos a tu luz y los reyes, al resplandor de tu aurora.

Levanta los ojos y mira alrededor: todos se reúnen y vienen a ti; tus hijos llegan de lejos, a tus hijas las traen en brazos. Entonces verás esto radiante de alegría; tu corazón se alegrará, y se ensanchará, cuando se vuelquen sobre ti los tesoros del mar y te traigan las riquezas de los pueblos.

Te inundará una multitud de camellos y dromedarios, procedentes de Madián y de Efá. Vendrán todos los de Sabá trayendo incienso y oro y proclamando las alabanzas del Señor.

Palabra de Dios.
R. Te alabamos, Señor.

Del Salmo 71

R. Que te adoren, Señor,
todos los pueblos.

Comunica, Señor, al rey tu juicio,
y tu justicia al que es hijo de reyes;
así tu siervo saldrá en defensa
de tus pobres y regirá a tu pueblo
justamente. **R.**

Florecerá en sus días la justicia
y reinará la paz, era tras era.
De mar a mar se extenderá
su reino y de un extremo al otro
de la tierra. **R.**

Los reyes de occidente
y de las islas le ofrecerán sus dones.
Ante él se postrarán todos los reyes
y todas las naciones. **R.**

Al débil librará del poderoso
y ayudará al que se encuentra
sin amparo; se apiadará del
desvalido y pobre y salvará
la vida al desdichado. **R.**

Dios no deja a nadie fuera del amor que nos da a través de Jesús.

De la carta del apóstol san Pablo a los efesios 3, 2-3. 5-6

Hermanos: Han oído hablar de la distribución de la gracia de Dios, que se me ha confiado en favor de ustedes.

Por revelación se me dio a conocer este misterio, que no había sido manifestado a los hombres en otros tiempos, pero que ha sido revelado ahora por el Espíritu a sus santos apóstoles y profetas: es decir, que por el Evangelio, también los paganos son coherederos de la misma herencia, miembros del mismo cuerpo y partícipes de la misma promesa en Jesucristo.

Palabra de Dios.
R. Te alabamos, Señor.

Evangelio

Los Reyes magos van a adorar a Jesús en representación de todos los pueblos de la Tierra.

Del santo Evangelio según san Mateo 2, 1-12

Jesús nació en Belén de Judá, en tiempos del rey Herodes. Unos magos de oriente llegaron entonces a Jerusalén y preguntaron: "¿Dónde está el rey de los judíos que acaba de nacer? Porque vimos surgir su estrella y hemos venido a adorarlo".

Al enterarse de esto, el rey Herodes se sobresaltó y toda Jerusalén con él. Convocó entonces a los sumos sacerdotes y a los escribas del pueblo y les preguntó dónde tenía que nacer el Mesías. Ellos le contestaron: "En Belén de Judá, porque así lo ha escrito el profeta: *Y tú, Belén, tierra de Judá, no eres en manera alguna la menor entre las ciudades ilustres de Judá, pues de ti saldrá un jefe, que será el pastor de mi pueblo, Israel*".

Entonces Herodes llamó en secreto a los magos, para que le precisaran el tiempo en que se les había aparecido la estrella y los mandó a Belén, diciéndoles: "Vayan a averiguar cuidadosamente qué hay de ese niño, y cuando lo encuentren, avísenme para que yo también vaya a adorarlo".

Después de oír al rey, los magos se pusieron en camino, y de pronto la estrella que habían visto surgir, comenzó a guiarlos, hasta que se detuvo encima de donde estaba el niño. Al ver de nuevo la estrella, se llenaron de inmensa alegría. Entraron en la casa y vieron al niño con María, su madre, y postrándose, lo adoraron. Después, abriendo sus cofres, le ofrecieron regalos: oro, incienso y mirra. Advertidos durante el sueño de que no volvieran a Herodes, regresaron a su tierra por otro camino.

Palabra del Señor.
R. Gloria a ti, Señor Jesús.

PARA AYUDAR A JESÚS

Al dar los Reyes magos sus regalos en este día, quieren que Jesús y tooooooodos los niños estemos muy contentos por haber nacido en este mundo. Por desgracia no faltan niños o niñas que son como Herodes y buscan matar la alegría de otros niños haciéndoles burlas, poniéndoles apodos despectivos, tirándoles sus cosas...

Por eso procura no festejar a los niños que agreden a otros niños y tú trátalos con respeto. ¡Dios hizo el mundo para que tooooooodos los niños fueran felices... hasta los niños más tímidos!

PARA PLATICAR CON DIOS

Hoy celebramos que unos hombres buenos, los Reyes magos, siguen a la estrella de Belén para encontrar a Jesús, tu Hijo. Yo quiero agradecerte que me invites a ser como la estrella para ayudar a muchos más a encontrar a tu Hijo gracias a que:

● los invito a que juguemos juntos, sobre todo cuando no tienen juguetes o nadie los invita a jugar.

● ayudo a mi mamá en la casa para que ella no se canse tanto y para que la casa se vea más alegre y ordenada, y no triste y sucia.

● cuido la naturaleza y por eso separo la basura para que los desechos se puedan reciclar y no vayan las botellas vacías o las bolsas de plástico a dar a los ríos y caminos donde hacen que todo se vea descuidado y sucio.

Quiero pedirte por todos aquellos, que en lugar de ser como estrellas de Belén, apagan la alegría de la Navidad al burlarse de los demás niños por ser chiquitos, por su color de piel, porque no les queda bien su ropa...

Y también pedirte por mí porque con mis berrinches, mis enojos, mis groserías, mi flojera... escondo a los demás a Jesús, en lugar de ayudarlos a encontrarlo.

Para probar tu inteligencia

¿De veras Herodes quería saber dónde estaba el Niño Jesús para ir a adorarlo?

¿Conoces otro pasaje del Evangelio donde se diga expresamente que lo que Herodes quería hacer, era matar al Niño Dios? ¿Quién dice la frase y a quién se la dice? ¿Cómo se salva el Niño Dios?

¿Y tú vienes a que yo te bautice?

■ **12 de enero** / Bautismo del Señor / **Blanco**

1ª Lectura

Dios Padre nos presenta a Jesús como su Hijo a quien le da su Espíritu para llenar de luz los rincones oscuros de nuestras vidas.

Del libro del profeta Isaías 42, 1-4. 6-7

Esto dice el Señor: "Miren a mi siervo, a quien sostengo, a mi elegido, en quien tengo mis complacencias. En él he puesto mi espíritu para que haga brillar la justicia sobre las naciones. No gritará, no clamará, no hará oír su voz por las calles; no romperá la caña resquebrajada, ni apagará la mecha que aún humea. Promoverá con firmeza la justicia, no titubeará ni se doblegará hasta haber establecido el derecho sobre la tierra y hasta que las islas escuchen su enseñanza. Yo, el Señor, fiel a mi designio de salvación, te llamé, te tomé de la mano, te he formado y te he constituido alianza de un pueblo, luz de las naciones, para que abras los ojos de los ciegos, saques a los cautivos de la prisión y de la mazmorra a los que habitan en tinieblas".

Palabra de Dios. Te alabamos, Señor.

Del Salmo 28

R. Te alabamos, Señor.

Hijos de Dios, glorifiquen al Señor, denle la gloria que merece. Postrados en su templo santo, alabemos al Señor. **R.**

La voz del Señor se deja oír sobre las aguas torrenciales. La voz del Señor es poderosa, la voz del Señor es imponente. **R.**

El Dios de majestad hizo sonar el trueno de su voz. El Señor se manifestó sobre las aguas desde su trono eterno. **R.**

2ª Lectura

San Pedro cuenta que Jesús recibió el poder del Espíritu Santo después de que Juan lo bautizara en el Jordán.

Del libro de los Hechos de los Apóstoles 10, 34-38

En aquellos días, Pedro se dirigió a Cornelio y a los que estaban en su casa, con estas palabras: "Ahora caigo en la cuenta de que Dios no hace distinción de personas, sino que acepta al que lo teme y practica la justicia, sea de la nación que fuere. Él envió su palabra a los hijos de Israel, para anunciarles la paz por medio de Jesucristo, Señor de todos. Ya saben ustedes lo sucedido en toda Judea, que tuvo principio en Galilea, después del bautismo predicado por Juan: cómo Dios ungió con el poder del Espíritu Santo a Jesús de Nazaret, y cómo éste pasó haciendo el bien, sanando a todos los oprimidos por el diablo, porque Dios estaba con él".

Palabra de Dios.   **R. Te alabamos, Señor.**

Evangelio

Apenas se bautizó Jesús, vio que el Espíritu Santo bajaba sobre él y Dios Padre lo presentaba desde el cielo como su Hijo muy amado.

Del santo Evangelio según san Mateo 3, 13-17

En aquel tiempo, Jesús llegó de Galilea al río Jordán y le pidió a Juan que lo bautizara. Pero Juan se resistía, diciendo: "Yo soy quien debe ser bautizado por ti, ¿y tú vienes a que yo te bautice?" Jesús le respondió: "Haz ahora lo que te digo, porque es necesario que así cumplamos todo lo que Dios quiere". Entonces Juan accedió a bautizarlo. Al salir Jesús del agua, una vez bautizado, se le abrieron los cielos y vio al Espíritu de Dios, que descendía sobre él en forma de paloma, y se oyó una voz que decía desde el cielo: "Éste es mi Hijo muy amado, en quien tengo mis complacencias".

Palabra del Señor.   **R. Gloria a ti, Señor Jesús.**

PARA PROBAR TU
INTELIGENCIA

¿Qué tiene de diferente el Bautismo de Jesús?

(Completa las frases viendo lo que dice el Evangelio que oímos en este día).

Juan el Bautista, primo de Jesús, bautizaba para expresarle a Dios, con ese baño, el deseo de vernos limpios del egoísmo que impide que de veras la llevemos bien unos con otros; o lo que es lo mismo, que llegue el Reino de Dios.

¡Ah, pero con Jesús pasa algo más cuando sale del agua! Jesús le pide al Señor que llegue el Reino de Dios, y le responde enviando al_____ y presentando a Jesús como _____ _____. Por tener el Espíritu de Dios y por ser su Hijo amado, Jesús empieza a construir entre nosotros el Reino de Dios.

Éste es el Cordero de Dios

■ **19 de enero** / 2° Domingo Ordinario / **Verde**

1ª Lectura

Jesús será la luz de las naciones, para que todos vean la salvación de Dios.

Del libro del profeta Isaías 49, 3. 5-6

El Señor me dijo: "Tú eres mi siervo, Israel; en ti manifestaré mi gloria". Ahora habla el Señor, el que me formó desde el seno materno, para que fuera su servidor, para hacer que Jacob volviera a él y congregar a Israel en torno suyo -tanto así me honró el Señor y mi Dios fue mi fuerza-. Ahora, pues, dice el Señor: "Es poco que seas mi siervo sólo para restablecer a las tribus de Jacob y reunir a los sobrevivientes de Israel; te voy a convertir en luz de las naciones, para que mi salvación llegue hasta los últimos rincones de la tierra".

Palabra de Dios.
R. Te alabamos, Señor.

Del Salmo 39

R. Aquí estoy, Señor,
para hacer tu voluntad.

Esperé en el Señor
con gran confianza, él se inclinó hacia mí
y escuchó mis plegarias.
Él me puso en la boca un canto nuevo,
un himno a nuestro Dios. **R.**

Sacrificios y ofrendas no quisiste,
abriste, en cambio, mis oídos a tu voz.
No exigiste holocaustos por la culpa,
así que dije: "Aquí estoy". **R.**

En tus libros se me ordena hacer
tu voluntad; esto es, Señor,
lo que deseo: tu ley en medio
de mi corazón. **R.**

He anunciado tu justicia en la gran
asamblea; no he cerrado mis labios,
tú lo sabes, Señor. **R.**

23

San Pablo nos desea que tengamos la gracia y la paz de parte de Dios Padre y de Jesús.

De la primera carta del apóstol san Pablo a los corintios 1, 1-3

Yo, Pablo, apóstol de Jesucristo por voluntad de Dios, y Sóstenes, mi colaborador, saludamos a la comunidad cristiana que está en Corinto. A todos ustedes, a quienes Dios santificó en Cristo Jesús y que son su pueblo santo, así como a todos aquellos que en cualquier lugar invocan el nombre de Cristo Jesús, Señor nuestro y Señor de ellos, les deseo la gracia y la paz de parte de Dios, nuestro Padre, y de Cristo Jesús, el Señor. *Palabra de Dios.* *R. Te alabamos, Señor.*

Evangelio

San Juan Bautista presenta a Jesús como el Cordero de Dios que quita el pecado del mundo.

Del santo Evangelio según san Juan 1, 29-34

En aquel tiempo, vio Juan el Bautista a Jesús, que venía hacia él, y exclamó: "Éste es el Cordero de Dios, el que quita el pecado del mundo.

Éste es aquel de quien yo he dicho: 'El que viene después de mí, tiene precedencia sobre mí, porque ya existía antes que yo'. Yo no lo conocía, pero he venido a bautizar con agua, para que él sea dado a conocer a Israel". Entonces Juan dio este testimonio: "Vi al Espíritu descender del cielo en forma de paloma y posarse sobre él. Yo no lo conocía, pero el que me envió a bautizar con agua me dijo: 'Aquel sobre quien veas que baja y se posa el Espíritu Santo, ése es el que ha de bautizar con el Espíritu Santo'. Pues bien, yo lo vi y doy testimonio de que éste es el Hijo de Dios".

Palabra del Señor. *R. Gloria a ti, Señor Jesús.*

PARA PLATICAR CON DIOS

Hoy, Jesús, quiero agradecerte que traigas la luz al mundo. Pero, ¿sabes?, es muuuuy difícil que la gente aprecie la luz. A ver si me explico. Cuando la gente vive matando, llega a creer que matar a otro ser humano es lo más natural. Cuando se droga siente que darse ese gusto es lo más natural. Hasta hay niños que hacen llorar a otros niños y creen que es lo más natural. Es más, te hacen creer que, si tú no lo haces, eres un tonto.

Por eso te pido, Jesús, que a todos ellos les hagas ver las tinieblas en que viven y la belleza de tu luz que nos alegra tanto que quisiéramos que tooooooodos los seres humanos sintieran la alegría de la vida y de cuidarla para que tooooooodos la disfrutemos.

¡Síganme
y los haré pescadores de hombres!

■ **26 de enero** / 3ᵉʳ Domingo Ordinario
/ **Verde**

Jesús es la gran luz que ilumina a los que andan en tinieblas.

Del libro del profeta Isaías 8, 23—9, 3

En otro tiempo, el Señor humilló al país de Zabulón y al país de Neftalí; pero en el futuro llenará de gloria el camino del mar, más allá del Jordán, en la región de los paganos. El pueblo que caminaba en tinieblas vio una gran luz; sobre los que vivían en tierra de sombras, una luz resplandeció. Engrandeciste a tu pueblo e hiciste grande su alegría. Se gozan en tu presencia como gozan al cosechar, como se alegran al repartirse el botín. Porque tú quebrantaste su pesado yugo, la barra que oprimía sus hombros y el cetro de su tirano, como en el día de Madián.

Palabra de Dios.
R. Te alabamos, Señor.

Del Salmo 26

R. El Señor es mi luz y mi salvación.

El Señor es mi luz
y mi salvación,
¿a quién voy a tenerle miedo?
El Señor es la defensa de mi
vida, ¿quién podrá hacerme
temblar? **R.**

Lo único que pido,
lo único que busco,
es vivir en la casa del Señor
toda mi vida, para disfrutar
las bondades del Señor
y estar continuamente
en su presencia. **R.**

La bondad del Señor espero
ver en esta misma vida.
Ármate de valor y fortaleza
y en el Señor confía. **R.**

2ª Lectura

San Pablo nos pide que no nos andemos peleando.

De la primera carta del apóstol san Pablo a los corintios 1, 10-13. 17

Hermanos: Los exhorto, en nombre de nuestro Señor Jesucristo, a que todos vivan en concordia y no haya divisiones entre ustedes, a que estén perfectamente unidos en un mismo sentir y en un mismo pensar. Me he enterado, hermanos, por algunos servidores de Cloe, de que hay discordia entre ustedes. Les digo esto, porque cada uno de ustedes ha tomado partido, diciendo: "Yo soy de Pablo, yo de Apolo, yo de Pedro, yo de Cristo". ¿Acaso Cristo está dividido? ¿Es que Pablo fue crucificado por ustedes? ¿O han sido bautizados ustedes en nombre de Pablo?. Por lo demás, no me envió Cristo a bautizar, sino a predicar el Evangelio, y eso, no con sabiduría de palabras, para no hacer ineficaz la cruz de Cristo.

Palabra de Dios.
R. Te alabamos, Señor.

Evangelio

Fue a Cafarnaúm y se cumplió la profecía de Isaías.

Del santo Evangelio según san Mateo 4, 12-23

Al enterarse Jesús de que Juan había sido arrestado, se retiró a Galilea, y dejando el pueblo de Nazaret, se fue a vivir a Cafarnaúm, junto al lago, en territorio de Zabulón y Neftalí, para que así se cumpliera lo que había anunciado el profeta Isaías: *Tierra de Zabulón y Neftalí, camino del mar, al otro lado del Jordán, Galilea de los paganos. El pueblo que yacía en tinieblas vio una gran luz. Sobre los que vivían en tierra de sombras una luz resplandeció.* Desde entonces comenzó Jesús a predicar, diciendo: "Conviértanse, porque ya está cerca el Reino de los cielos". Una vez que Jesús caminaba por la ribera del mar de Galilea, vio a dos hermanos, Simón, llamado después Pedro, y Andrés, los cuales estaban echando las redes al mar, porque eran pescadores. Jesús les dijo: "Síganme y los haré pescadores de hombres". Ellos inmediatamente dejaron las redes y lo siguieron. Pasando más adelante, vio a otros dos hermanos, Santiago y Juan, hijos de Zebedeo, que estaban con su padre en la barca, remendando las redes, y los llamó también. Ellos, dejando enseguida la barca y a su padre, lo siguieron. Andaba por toda Galilea, enseñando en las sinagogas y proclamando la buena nueva del Reino de Dios y curando a la gente de toda enfermedad y dolencia.

Palabra del Señor.
R. Gloria a ti, Señor Jesús.

PARA PROBAR TU INTELIGENCIA

En la historia de la Iglesia se han destacado muchas personas por seguir a Jesús y han sido buenérrimos "pescadores de hombres" (han sabido unir a la humanidad). El actual Papa Francisco, escogió este nombre en honor de san Francisco de Asís, una de esas destacadas personas en seguir a Jesús.

¿Sabes en qué se distinguió san Francisco de Asís como para unir a la humanidad y ser "pescador de hombres"?

Elige la opción que es verdadera con una (v). Averigua cómo fue la vida de san Francisco de Asís.

• ( ) Porque era muy bueno en los negocios y juntaba mucho dinero para presumir a sus amigos que tenía la mejor ropa, la casa más elegante, aun sabiendo que muchos niños no tienen ni para comer.

• ( ) Porque era buenísimo para los pleitos y se sonaba a todos. Por eso tenía un grupito de amigos que lo seguían a todas partes, aunque todos los demás niños le tenían miedo.

• ( ) Porque para demostrar que lo que importa en la vida no es si vestimos caro o viajamos o tenemos el mejor *iPhone*, sino el afecto y lo que hacemos principalmente por los más necesitados. Dejó toda la lana de su papá y se hizo pobre para estar más cerca de los pobres y vivir como ellos de su trabajo, compartiendo con los demás lo necesario para la vida.

Presentaron al Niño Jesús en el templo de Jerusalén

■ **2 de febrero** / Presentación del Señor / **Blanco**

1ª Lectura

Jesús entrará en el templo como el mensajero que nos trae la amistad de Dios.

Del libro del profeta Malaquías 3, 1-4

Esto dice el Señor: "He aquí que yo envío a mi mensajero. Él preparará el camino delante de mí. De improviso entrará en el santuario el Señor, a quien ustedes buscan, el mensajero de la alianza a quien ustedes desean. Miren: Ya va entrando, dice el Señor de los ejércitos. ¿Quién podrá soportar el día de su venida? ¿Quién quedará en pie cuando aparezca? Será como fuego de fundición, como la lejía de los lavanderos. Se sentará como un fundidor que refina la plata; como a la plata y al oro, refinará a los hijos de Leví y así podrán ellos ofrecer, como es debido, las ofrendas al Señor. Entonces agradará al Señor la ofrenda de Judá y de Jerusalén, como en los días pasados, como en los años antiguos".

Palabra de Dios. R. Te alabamos, Señor.

Del Salmo 23

R. El Señor es el rey de la gloria.

¡Puertas, ábranse de par en par; agrándense, portones eternos, porque va a entrar el rey de la gloria! **R.**

Y ¿quién es el rey de la gloria? Es el Señor, fuerte y poderoso, el Señor, poderoso en la batalla. **R.**

¡Puertas, ábranse de par en par; agrándense, portones eternos, porque va a entrar el rey de la gloria! **R.**

Y ¿quién es el rey de la gloria? El Señor, Dios de los ejércitos, es el rey de la gloria. **R.**

2ª Lectura

Jesús nos entiende muy bien porque también es humano y quiso sufrir lo que sufrimos para ayudarnos.

De la carta a los hebreos 2, 14-18

Hermanos: Todos los hijos de una familia tienen la misma sangre; por eso, Jesús quiso ser de nuestra misma sangre, para destruir con su muerte al diablo, que mediante la muerte, dominaba a los hombres, y para liberar a aquellos que, por temor a la muerte, vivían como esclavos toda su vida.

Pues como bien saben, Jesús no vino a ayudar a los ángeles, sino a los descendientes de Abraham; por eso tuvo que hacerse semejante a sus hermanos en todo, a fin de llegar a ser sumo sacerdote, misericordioso con ellos y fiel en las relaciones que median entre Dios y los hombres, y expiar así los pecados del pueblo. Como él mismo fue probado por medio del sufrimiento, puede ahora ayudar a los que están sometidos a la prueba.

Palabra de Dios. R. Te alabamos, Señor.

PARA PLATICAR CON DIOS

Señor, hoy celebramos la fiesta de la Candelaria por las candelas (velas) que llevamos a la iglesia recordando que tú eres la luz del mundo. Y lo eres porque te haces uno de nosotros para que veamos en ti todo lo bueno que podemos hacer al dar lo mejor de ti para que todos también saquemos lo mejor de cada uno. Nos curaste para que viéramos lo bonito que es curar al que está enfermo. Sacaste, en la tempestad, del fondo del lago, a san Pedro, para que viéramos lo alentador que es sentirnos apoyados por ti en nuestros peores problemas, temas tratados en otros Evangelios.

Señor, hay mucha oscuridad en nuestro país. Secuestran a las personas, las matan, les venden drogas, muchos niños se quedan sin papás... hay muchas lágrimas. Necesitamos que tu luz brille en nuestra patria para que la gente deje lo malo que oscurece su corazón y empiece a sacar lo mejor de sí. Que se interesen por ayudar a los demás, por no hacerlos sufrir, por hacer brotar una sonrisa en cada rostro.

¡Señor, necesitamos de tu Luz!

Evangelio

La Virgen María y san José presentan al Niño Jesús en el templo de Jerusalén y Simeón y Ana lo reconocen como el Mesías.

Del santo Evangelio según san Lucas 2, 22-40

Transcurrido el tiempo de la purificación de María, según la ley de Moisés, ella y José llevaron al niño a Jerusalén para presentarlo al Señor, de acuerdo con lo escrito en la ley: *Todo primogénito varón será consagrado al Señor*, y también para ofrecer, como dice la ley, *un par de tórtolas o dos pichones*. Vivía en Jerusalén un hombre llamado Simeón, varón justo y temeroso de Dios, que aguardaba el consuelo de Israel; en él moraba el Espíritu Santo, el cual le había revelado que no moriría sin haber visto antes al Mesías del Señor. Movido por el Espíritu, fue al templo, y cuando José y María entraban con el Niño Jesús para cumplir con lo prescrito por la ley, Simeón lo tomó en brazos y bendijo a Dios, diciendo: "Señor, ya puedes dejar morir en paz a tu siervo, según lo que me habías prometido, porque mis ojos han visto a tu Salvador, al que has preparado para bien de todos los pueblos; luz que alumbra a las naciones y gloria de tu pueblo, Israel".

El padre y la madre del niño estaban admirados de semejantes palabras. Simeón los bendijo, y a María, la madre de Jesús, le anunció: "Este niño ha sido puesto para ruina y resurgimiento de muchos en Israel, como signo que provocará contradicción, para que queden al descubierto los pensamientos de todos los corazones. Y a ti, una espada te atravesará el alma". Había también una profetisa, Ana, hija de Fanuel, de la tribu de Aser. Era una mujer muy anciana. De joven, había vivido siete años casada y tenía ya ochenta y cuatro años de edad. No se apartaba del templo ni de día ni de noche, sirviendo a Dios con ayunos y oraciones. Ana se acercó en aquel momento, dando gracias a Dios y hablando del niño a todos los que aguardaban la liberación de Israel. Y cuando cumplieron todo lo que prescribía la ley del Señor, se volvieron a Galilea, a su ciudad de Nazaret.

El niño iba creciendo y fortaleciéndose, se llenaba de sabiduría y la gracia de Dios estaba con él.

Palabra del Señor.
R. Gloria a ti, Señor Jesús.

PARA PROBAR TU INTELIGENCIA

Ruina y resurgimiento

En tiempos de Jesús, lo judíos estaban bajo el dominio de los romanos. Eran parte del Imperio romano. Por eso esperaban la llegada del Mesías que haría resurgir a Israel.

Pon una (J) para indicar el camino de los judíos y una (C) para los cristianos a ejemplo de Jesús.

¿Cuál es el camino que querían muchos judíos y cuál Jesús y los cristianos?

( ) el camino de la violencia del "ojo por ojo" y "diente por diente". Creían que matando y golpeando a los romanos conseguirían el resurgimiento de Israel.

( ) el camino del Evangelio al hacerse amigos de los romanos y enseñarles a respetarse y verse como hermanos porque Dios es el Padre de toooooodos los seres humanos. Como dijo Jesús: "ámense los unos a los otros como yo los he amado".

¿A qué lleva el camino querido por muchos judíos y a qué lleva el camino de Jesús y los cristianos?

( ) siguieron el camino de la violencia al ponerse a matar romanos y esto los llevó a su propia destrucción y ruina.

( ) siguieron el camino de la evangelización invitando a los romanos a vivir como hermanos haciéndoles ver que toooooodos somos hermanos porque Jesús nos consigue que Dios sea el Padre de toooooodos los seres humanos.

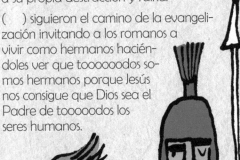

Ustedes son la luz de

1ª Lectura

Cuando compartamos el pan con el hambriento y dejemos de humillar a los demás, brillaremos como la luz de la aurora.

Del libro del profeta Isaías 58, 7-10

Esto dice el Señor: "Comparte tu pan con el hambriento, abre tu casa al pobre sin techo, viste al desnudo y no des la espalda a tu propio hermano. Entonces surgirá tu luz como la aurora y cicatrizarán de prisa tus heridas; te abrirá camino la justicia y la gloria del Señor cerrará tu marcha. Entonces clamarás al Señor y él te responderá; lo llamarás y él te dirá: 'Aquí estoy'. Cuando renuncies a oprimir a los demás y destierres de ti el gesto amenazador y la palabra ofensiva; cuando compartas tu pan con el hambriento y sacies la necesidad del humillado, brillará tu luz en las tinieblas y tu oscuridad será como el mediodía".

Palabra de Dios. R. Te alabamos, Señor.

Del Salmo 111

R. El justo brilla como una luz en las tinieblas.

Quien es justo, clemente y
compasivo, como una luz
en las tinieblas brilla.
Quienes, compadecidos, prestan y
llevan su negocio honradamente,
jamás se desviarán. **R.**

El justo no vacilará;
vivirá su recuerdo para siempre.
No temerá malas noticias,
porque en el Señor
vive confiadamente. **R.**

Firme está y sin temor su
corazón. Al pobre da limosna,
obra siempre conforme
a la justicia; su frente se alzará
llena de gloria. **R.**

2ª Lectura

Les he anunciado a Cristo crucificado.

De la primera carta del apóstol san Pablo a los corintios 2, 1-5

Hermanos: Cuando llegué a la ciudad de ustedes para anunciarles el Evangelio, no busqué hacerlo mediante la elocuencia del lenguaje o la sabiduría humana, sino que resolví no hablarles sino de Jesucristo, más aún, de Jesucristo crucificado.

Me presenté ante ustedes débil y temblando de miedo. Cuando les hablé y les prediqué el Evangelio, no quise convencerlos con palabras de hombre sabio; al contrario, los convencí por medio del Espíritu y del poder de Dios, a fin de que la fe de ustedes dependiera del poder de Dios y no de la sabiduría de los hombres.

Palabra de Dios.
R. Te alabamos, Señor.

mundo...

Evangelio

Jesús nos dice que somos la luz del mundo con nuestra buena manera de actuar.

Del santo Evangelio según san Mateo 5, 13-16

En aquel tiempo, Jesús dijo a sus discípulos: "Ustedes son la sal de la tierra. Si la sal se vuelve insípida, ¿con qué se le devolverá el sabor? Ya no sirve para nada y se tira a la calle para que la pise la gente. Ustedes son la luz del mundo. No se puede ocultar una ciudad construida en lo alto de un monte; y cuando se enciende una vela, no se esconde debajo de una olla, sino que se pone sobre un candelero, para que alumbre a todos los de la casa. Que de igual manera brille la luz de ustedes ante los hombres, para que viendo las buenas obras que ustedes hacen, den gloria a su Padre, que está en los cielos".

Palabra del Señor.
R. Gloria a ti, Señor Jesús.

Para probar tu INTELIGENCIA

¿Cuándo somos Luz del Mundo y cuándo somos focos fundidos?

Pon un (LM) si una acción le hace a uno ser Luz del Mundo o un (FF) si lo transforma en Foco Fundido. Además apunta si lo eres "Siempre", "A veces" O "Nunca". Un ejemplo:

• Recoger mi ropa para que mi mamá no se canse y mi casa se vea limpia me hace ser (LM). Y esto lo hago casi siempre.

• Hacer berrinches cuando no me dan permiso o no me compran lo que quiero me hace ser (   ). Y esto lo hago:
_____.

• Decir groserías de puro coraje y aún para ofender a alguien me hace ser (   ) Y esto lo hago:
_____.

• Devolver lo que me encuentro y a quien sé que lo perdió o entregarlo al maestro para que se lo dé me hace ser (   ). Y esto lo hago_____.

• Copiar la tarea que hizo otro niño porque no me dio tiempo para hacerla yo me hace ser (   ). Y esto lo hago:
_____.

• Decir "¡Gracias!" cuando me hacen un favor o pedir las cosas "¡Por favor" me hace ser (   ). Y esto lo hago:
_____.

• Quitarle sus cosas, sus juguetes o su dinero a otro niño me hace ser (   ). Y esto lo hago:_____.

Jesús anuncia la justicia
mayor del Reino de los cielos

■ **16 febrero** / 6º Domingo Ordinario / **Verde**

1ª Lectura

Dios nos ha hecho libres para que seamos nosotros los que escojamos hacer el bien o hacer el mal.

Del libro del Sirácide (Eclesiástico) 15, 16-21

Si tú lo quieres, puedes guardar los mandamientos; permanecer fiel a ellos es cosa tuya. El Señor ha puesto delante de ti fuego y agua; extiende la mano a lo que quieras. Delante del hombre están la muerte y la vida; le será dado lo que él escoja. Es infinita la sabiduría del Señor; es inmenso su poder y él lo ve todo. Los ojos del Señor ven con agrado a quienes lo temen; el Señor conoce todas las obras del hombre. A nadie le ha mandado ser impío y a nadie le ha dado permiso de pecar.

Palabra de Dios. R. *Te alabamos, Señor.*

Del Salmo 118

R. Dichoso el que cumple la voluntad del Señor.

Dichoso el hombre de conducta intachable, que cumple la ley del Señor. Dichoso el que es fiel a sus enseñanzas y lo busca de todo corazón. **R.**

Tú, Señor, has dado tus preceptos para que se observen exactamente. Ojalá que mis pasos se encaminen al cumplimiento de tus mandamientos. **R.**

Favorece a tu siervo para que viva y observe tus palabras. Ábreme los ojos para ver las maravillas de tu voluntad. **R.**

Muéstrame, Señor, el camino de tus leyes y yo lo seguiré con cuidado. Enséñame a cumplir tu voluntad y a guardarla de todo corazón. **R.**

2ª Lectura

Predicamos una sabiduría misteriosa prevista por Dios antes de los siglos, para conducirnos a la gloria.

De la primera carta del apóstol san Pablo a los corintios 2, 6-10

Hermanos: Es cierto que a los adultos en la fe les predicamos la sabiduría, pero no la sabiduría de este mundo ni la de aquellos que dominan al mundo, los cuales van a quedar aniquilados. Por el contrario, predicamos una sabiduría divina, misteriosa, que ha permanecido oculta y que fue prevista por Dios desde antes de los siglos, para conducirnos a la gloria. Ninguno de los que dominan este mundo la conoció, porque, de haberla conocido, nunca hubieran crucificado al Señor de la gloria.

Pero lo que nosotros predicamos es, como dice la Escritura, *que lo que Dios ha preparado para los que lo aman, ni el ojo lo ha visto, ni el oído lo ha escuchado, ni la mente del hombre pudo siquiera haberlo imaginado.* A nosotros, en cambio, Dios nos lo ha revelado por el Espíritu que conoce perfectamente todo, hasta lo más profundo de Dios.

Palabra de Dios. R. Te alabamos, Señor.

Evangelio

Jesús anuncia la justicia mayor del Reino de los cielos. Dios Padre nos da su fuerza gracias a Jesús, para que podamos portarnos súper bien.

Del santo Evangelio según san Mateo 5, 17-37

En aquel tiempo, Jesús dijo a sus discípulos: "No crean que he venido a abolir la ley o los profetas; no he venido a abolirlos, sino a darles plenitud. Yo les aseguro que antes se acabarán el cielo y la tierra, que deje de cumplirse hasta la más pequeña letra o coma de la ley. Por lo tanto, el que quebrante uno de estos preceptos menores y enseñe eso a los hombres, será el menor en el Reino de los cielos; pero el que los cumpla y los enseñe, será grande en el Reino de los cielos. Les aseguro que si su justicia no es mayor que la de los escribas y fariseos, ciertamente no entrarán ustedes en el Reino de los cielos.

Han oído que se dijo a los antiguos: *No matarás y el que mate será llevado ante el tribunal.* Pero yo les digo: Todo el que se enoje con su hermano, será llevado también ante el tribunal; el que insulte a su hermano, será llevado ante el tribunal supremo, y el que lo desprecie, será llevado al fuego del lugar de castigo.

Por lo tanto, si cuando vas a poner tu ofrenda sobre el altar, te acuerdas allí mismo de que tu hermano tiene alguna queja contra ti, deja tu ofrenda junto al altar y ve primero a reconciliarte con tu hermano, y vuelve luego a presentar tu ofrenda. Arréglate pronto con tu adversario, mientras vas con él por el camino; no sea que te entregue al juez, el juez al policía y te metan a la cárcel. Te aseguro que no saldrás de allí hasta que hayas pagado el último centavo.

También han oído que se dijo a los antiguos: *No cometerás adulterio.* Pero yo les digo que quien mire con malos deseos a una mujer, ya cometió adulterio con ella en su corazón. Por eso, si tu ojo derecho es para ti ocasión de pecado, arráncatelo y tíralo lejos, porque más te vale perder una parte de tu cuerpo y no que todo él sea arrojado al lugar de castigo. Y si tu mano derecha es para ti ocasión de pecado, córtatela y arrójala lejos de ti, porque más te vale perder una parte de tu cuerpo y no que todo él sea arrojado al lugar de castigo.

También se dijo antes: *El que se divorcie, que le dé a su mujer un certificado de divorcio.* Pero yo les digo que el que se divorcia, salvo el caso de que vivan en unión ilegítima, expone a su mujer al adulterio, y el que se casa con una divorciada comete adulterio. Han oído que se dijo a los antiguos: *No jurarás en falso y le cumplirás al Señor lo que le hayas prometido con juramento.* Pero yo les digo: No juren de ninguna manera, ni por el cielo, que es el trono de Dios; ni por la tierra, porque es donde él pone los pies; ni por Jerusalén, que es la ciudad del gran Rey.

Tampoco jures por tu cabeza, porque no puedes hacer blanco o negro uno solo de tus cabellos. Digan simplemente sí, cuando es sí; y no, cuando es no. Lo que se diga de más, viene del maligno".

Palabra del Señor.   R. Gloria a ti, Señor Jesús.

Para probar tu inteligencia

Detrás de cada mandamiento hay un valor, una riqueza humana. Por ejemplo: el mandamiento "No matarás" protege el valor de la vida (la mía, la de mis papás, la de mis abuelitos... la de tooooooodos los seres humano). Y como para la vida es necesaria la salud, la alimentación, el trabajo... también protege el valor de la salud, el alimento, el trabajo...

Une con una línea qué valores protegen los siguientes mandamientos:

Amarás a Dios sobre todas las cosas. •

Honrarás a tu padre y madre. •

No harás actos impuros.

No mentirás.

No codiciarás las cosas ajenas. •

• Cuidar nuestra sexualidad para que sea instrumento de amor responsable y constructivo de la familia que formemos.

• Cuidar que nuestro corazón no se enferme por desear poseer lo que otro tiene.

• Darles el cariño y el respeto que merecen nuestros papás.

• Cuidar el que nos podamos comunicar con seguridad y respeto, sin engañarnos, ni ofendernos.

• Darle a Dios el lugar que se merece en nuestras vidas.

PARA AYUDAR A JESÚS

Para ayudar a Jesús voy a elegir un propósito, al menos uno, de las siguientes cosas. Me propongo...

( ) no tomar o quedarme con lo que no es mío. Me propongo nunca robar en mi vida.

( ) no engañar a nadie para verle la cara de tonto o abusar de él.

( ) pedirle a mi mamá que me dispense, si llego a ofenderla.

( ) ayudar a mi papá, siempre que me llame y me necesite.

( ) no burlarme de otro niño para hacerlo sentir mal, cuando otros se burlen de él.

Amen a sus enemigos

■ **23 de febrero** / 7° Domingo
Ordinario / **Verde**

1ª Lectura

Amarás a tu prójimo como a ti mismo.

Del libro del Levítico 19, 1-2. 17-18

En aquellos días, dijo el Señor a Moisés: "Habla a la asamblea de los hijos de Israel y diles: 'Sean santos, porque yo, el Señor, soy santo. No odies a tu hermano ni en lo secreto de tu corazón. Trata de corregirlo, para que no cargues tú con su pecado. No te vengues ni guardes rencor a los hijos de tu pueblo. Ama a tu prójimo como a ti mismo. Yo soy el Señor'".

Palabra de Dios.
R. Te alabamos, Señor.

Del Salmo 102

R. El Señor es compasivo y misericordioso.

Bendice al Señor, alma mía, que todo mi ser bendiga su santo nombre. Bendice al Señor, alma mía, y no te olvides de sus beneficios. **R.**

El Señor perdona tus pecados y cura tus enfermedades; él rescata tu vida del sepulcro y te colma de amor y de ternura. **R.**

El Señor es compasivo y misericordioso, lento para enojarse y generoso para perdonar. No nos trata como merecen nuestras culpas, ni nos paga según nuestros pecados. **R.**

Como dista el oriente del ocaso, así aleja de nosotros nuestros delitos; como un padre es compasivo con sus hijos, así es compasivo el Señor con quien lo ama. **R.**

35

2ª Lectura

San Pablo nos dice que para qué nos peleamos unos en contra de otros si todos somos de Cristo y Cristo es de Dios.

De la primera carta del apóstol san Pablo a los corintios 3, 16-23

Hermanos: ¿No saben ustedes que son el templo de Dios y que el Espíritu de Dios habita en ustedes? Quien destruye el templo de Dios, será destruido por Dios, porque el templo de Dios es santo y ustedes son ese templo. Que nadie se engañe: si alguno de ustedes se tiene a sí mismo por sabio según los criterios de este mundo, que se haga ignorante para llegar a ser verdaderamente sabio. Porque la sabiduría de este mundo es ignorancia ante Dios, como dice la Escritura: *Dios hace que los sabios caigan en la trampa de su propia astucia.* También dice: *El Señor conoce los pensamientos de los sabios y los tiene por vanos.* Así pues, que nadie se gloríe de pertenecer a ningún hombre, ya que todo les pertenece a ustedes: Pablo, Apolo y Pedro, el mundo, la vida y la muerte, lo presente y lo futuro: todo es de ustedes; ustedes son de Cristo, y Cristo es de Dios.

Palabra de Dios.
R. Te alabamos, Señor.

Evangelio

Jesús nos invita a superar la venganza.

Del santo Evangelio según san Mateo 5, 38-48

En aquel tiempo, Jesús dijo a sus discípulos: "Han oído que se dijo: *Ojo por ojo, diente por diente.* Pero yo les digo que no hagan resistencia al hombre malo. Si alguno te golpea en la mejilla derecha, preséntale también la izquierda; al que te quiera demandar en juicio para quitarte la túnica, cédele también el manto. Si alguno te obliga a caminar mil pasos en su servicio, camina con él dos mil. Al que te pide, dale; y al que quiere que le prestes, no le vuelvas la espalda. Han oído que se dijo: *Ama a tu prójimo y odia a tu enemigo.* Yo, en cambio, les digo: Amen a sus enemigos, hagan el bien a los que los odian y rueguen por los que los persiguen y calumnian, para que sean hijos de su Padre celestial, que hace salir su sol sobre los buenos y los malos, y manda su lluvia sobre los justos y los injustos. Porque, si ustedes aman a los que los aman, ¿qué recompensa merecen? ¿No hacen eso mismo los publicanos? Y si saludan tan sólo a sus hermanos, ¿qué hacen de extraordinario? ¿No hacen eso mismo los paganos? Ustedes, pues, sean perfectos, como su Padre celestial es perfecto".

Palabra del Señor.
R. Gloria a ti, Señor Jesús.

Para probar tu INTELIGENCIA

Pon una (V) si la respuesta es verdadera o una (F) si es falsa.
¿Sabías que los gallos de pelea son tan tontos, pero tan tontos que:

(   ) no saben manejar un celular y por eso se mueren de coraje en las famosas peleas de gallos?

(   ) creen que el Chicharito Javier Hernández es una marca de alimento para pollos en Manchester y cómo se mueren de ganas por comérsela y felpan de coraje por no vivir en Inglaterra?

(   ) que los galleros que los manejan los ponen con las plumas esponjadas del cuello, uno frente al otro, saltan uno contra otro para pelearse hasta matarse sin que en realidad se hayan provocado entre ellos?

¿Sabías que muchas veces somos tan tontos como los gallos de pelea y nos enojamos unos contra otros sin que en realidad nos hayamos hecho nada malo?

¿Te gusta ser tan tontos como los gallos de pelea?

¿Acaso no valen más ustedes que las aves del cielo?

■ **2 de marzo** / 8° Domingo Ordinario / **Verde**

1ª Lectura

Igualito que nuestra mamá nunca se olvida de nosotros, Dios tampoco nos olvida.

Del libro del profeta Isaías 49, 14-15

"Sión había dicho: 'El Señor me ha abandonado, el Señor me tiene en el olvido'. ¿Puede acaso una madre olvidarse de su criatura hasta dejar de enternecerse por el hijo de sus entrañas? Aunque hubiera una madre que se olvidara, yo nunca me olvidaré de ti", dice el Señor todopoderoso.

Palabra de Dios.
R. Te alabamos, Señor.

Del Salmo 61

R. Sólo en Dios he puesto mi confianza.

Sólo en Dios he puesto mi confianza,
porque de él vendrá el bien que espero.
Él es mi refugio y mi defensa,
ya nada me inquietará. **R.**

Sólo Dios es mi esperanza, mi confianza
es el Señor: es mi baluarte y firmeza,
es mi Dios y salvador. **R.**

De Dios viene mi salvación y mi gloria;
él es mi roca firme y mi refugio.
Confía siempre en él, pueblo mío, y desahoga tu corazón en su presencia. **R.**

37

2ª Lectura

Jesús es el que sabe de veras si lo servimos y lo compartimos como auténticos amigos suyos.

De la primera carta del apóstol san Pablo a los corintios 4, 1-5

Hermanos: Procuren que todos nos consideren como servidores de Cristo y administradores de los misterios de Dios. Ahora bien, lo que se busca en un administrador es que sea fiel. Por eso,

lo que menos me preocupa es que me juzguen ustedes o un tribunal humano; pues ni siquiera yo me juzgo a mí mismo. Es cierto que mi conciencia no me reprocha nada, pero no por eso he sido declarado inocente. El Señor es quien habrá de juzgarme. Por lo tanto, no juzguen antes de tiempo; esperen a que venga el Señor. Entonces él sacará a la luz lo que está oculto en las tinieblas, pondrá al descubierto las intenciones del corazón y dará a cada uno la alabanza que merezca.

Palabra de Dios.
R. Te alabamos, Señor.

Evangelio

Tenemos que servir primero a Dios y no al dinero. Él se encargará de que no nos falte lo necesario.

Del santo Evangelio según san Mateo 6, 24-34

En aquel tiempo, Jesús dijo a sus discípulos: "Nadie puede servir a dos amos, porque odiará a uno y amará al otro, o bien obedecerá al primero y no le hará caso al segundo. En resumen, no pueden ustedes servir a Dios y al dinero. Por eso les digo que no se preocupen por su vida, pensando qué comerán o con qué se vestirán. ¿Acaso no vale más la vida que el alimento, y el cuerpo más que el vestido? Miren las aves del cielo, que ni siembran, ni cosechan, ni guardan en graneros y, sin embargo, el Padre celestial las alimenta. ¿Acaso no valen ustedes más que ellas? ¿Quién de ustedes, a fuerza de

preocuparse, puede prolongar su vida siquiera un momento? ¿Y por qué se preocupan del vestido? Miren cómo crecen los lirios del campo, que no trabajan ni hilan. Pues bien, yo les aseguro que ni Salomón, en el esplendor de su gloria, se vestía como uno de ellos. Y si Dios viste así a la hierba del campo, que hoy florece y mañana es echada al horno, ¿no hará mucho más por ustedes, hombres de poca fe? No se inquieten, pues, pensando: ¿Qué comeremos o qué beberemos o con qué nos vestiremos? Los que no conocen a Dios se desviven por todas estas cosas; pero el Padre celestial ya sabe que ustedes tienen necesidad de ellas. Por consiguiente, busquen primero el Reino de Dios y su justicia, y todas estas cosas se les darán por añadidura.

No se preocupen por el día de mañana, porque el día de mañana traerá ya sus propias preocupaciones. A cada día le bastan sus propios problemas".

Palabra del Señor.
R. Gloria a ti, Señor Jesús.

Para probar tu INTELIGENCIA

Estamos metidos en un lío. El Papa Francisco se puso este nombre para vivir un poco como San Francisco de Asís, quien no buscaba los lujos o las comodidades y vivía tan desprendido del dinero que le decían "El Pobre de Asís", su ciudad natal.

Pero, ¿nosotros tenemos un corazón desprendido? Responde con una (**V**) para ver qué tan desprendido eres.

- Me gusta vestirme sólo con ropa de marca para presumirle a los demás. ( ) sí   ( ) más o menos   ( ) no.

- Si mis papás no me dan el juguete que quiero me enfurezco como pantera loca.
( ) sí   ( ) más o menos   ( ) no.

- Tengo que tener mi celular y mientras más caro, mejor.
( ) sí   ( ) más o menos   ( ) no.

- Me gusta gastar en cosas aunque no las necesite.
( ) sí   ( ) más o menos   ( ) no.

Fue conducido
por el Espíritu
al desierto

■ **9 de marzo** / 1er Domingo de Cuaresma / **Morado**

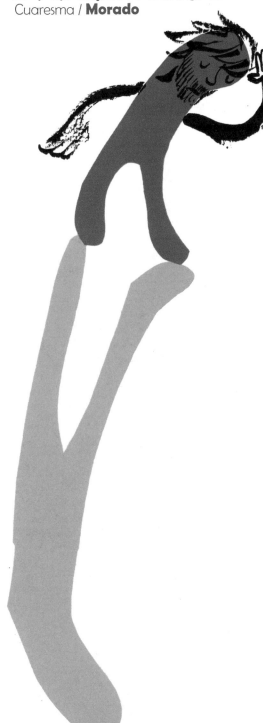

La malvada serpiente induce a Adán y Eva a comer el fruto prohibido para que desobedecieran a Dios y perdieran su amistad.

Del libro del Génesis 2, 7-9; 3, 1-7

Después de haber creado el cielo y la tierra, el Señor Dios tomó polvo del suelo y con él formó al hombre; le sopló en la nariz un aliento de vida, y el hombre comenzó a vivir. Después plantó el Señor un jardín al oriente del Edén y allí puso al hombre que había formado.

El Señor Dios hizo brotar del suelo toda clase de árboles, de hermoso aspecto y sabrosos frutos, y además, en medio del jardín, el árbol de la vida y el árbol del conocimiento del bien y del mal. La serpiente era el más astuto de los animales del campo que había creado el Señor Dios. Un día le dijo a la mujer: "¿Es cierto que Dios les ha prohibido comer de todos los árboles del jardín?"

La mujer respondió: "Podemos comer del fruto de todos los árboles del jardín, pero del árbol que está en el centro, dijo Dios: 'No comerán de él ni lo tocarán, porque de lo contrario, habrán de morir' ". La serpiente replicó a la mujer: "De ningún modo. No morirán. Bien sabe Dios que el día que coman de los frutos de ese árbol, se les abrirán a ustedes los ojos y serán como Dios, que conoce el bien y el mal".

La mujer vio que el árbol era bueno para comer, agradable a la vista y codiciable, además, para alcanzar la sabiduría.

Tomó, pues, de su fruto, comió y le dio a su marido, que estaba junto a ella, el cual también comió. Entonces se les abrieron los ojos a los dos y se dieron cuenta de que estaban desnudos. Entrelazaron unas hojas de higuera y se cubrieron con ellas.

Palabra de Dios.
R. Te alabamos, Señor.

Del Salmo 50

R. Misericordia, Señor, hemos pecado.

Por tu inmensa compasión y misericordia, Señor, apiádate de mí y olvida mis ofensas. Lávame bien de todos mis delitos y purifícame de mis pecados. **R.**

Puesto que reconozco mis culpas, tengo siempre presentes mis pecados. Contra ti solo pequé, Señor, haciendo lo que a tus ojos era malo. **R.**

Crea en mí, Señor, un corazón puro, un espíritu nuevo para cumplir tus mandamientos. No me arrojes, Señor, lejos de ti, ni retires de mí tu santo espíritu. **R.**

Devuélveme tu salvación, que regocija, mantén en mí un alma generosa. Señor, abre mis labios y cantará mi boca tu alabanza. **R.**

Si por el riegue de Adán y Eva entró la maldad en la humanidad, por el amor de Jesús podemos vivir la santidad de Dios.

De la carta del apóstol san Pablo a los romanos 5, 12-19

Hermanos: Así como por un solo hombre entró el pecado en el mundo y por el pecado entró la muerte, así la muerte llegó a todos los hombres, por cuanto todos pecaron.

Antes de la ley de Moisés ya había pecado en el mundo y, si bien es cierto que el pecado no se imputa cuando no hay ley, sin embargo, la muerte reinó desde Adán hasta Moisés aun sobre aquellos que no pecaron con una transgresión semejante a la de Adán, el cual es figura del que había de venir. Ahora bien, con el don no sucede como con el delito, porque si por el delito de uno solo murieron todos, ¡cuánto más la gracia de Dios y el don otorgado por la gracia de un solo hombre, Jesucristo, se han desbordado sobre todos! Y con el don no sucede como con las consecuencias del pecado de uno solo, porque ciertamente la sentencia, partiendo de uno solo, lleva a la condenación, pero la obra de la gracia, partiendo de muchos delitos, se resuelve en justificación.

En efecto, si por el delito de uno solo reinó la muerte, por un solo hombre, ¡con cuánta más razón los que reciben la abundancia de la gracia y el don de la justicia, reinarán en la vida por uno solo, Jesucristo! Así pues, como el delito de uno solo atrajo sobre todos los hombres la condenación, así también la obra de justicia de uno solo procura para todos los hombres la justificación, que da la vida.

En efecto, así como por la desobediencia de un solo hombre, todos fueron constituidos pecadores, así también por la obediencia de uno solo todos serán constituidos justos.

Palabra de Dios.
R. Te alabamos, Señor.

Evangelio

Jesús ayuna durante cuarenta días y, al verlo débil y con hambre, el malvado diablo trata de hacerlo caer en la tentación.

Del santo Evangelio según san Mateo 4, 1-11

En aquel tiempo, Jesús fue conducido por el Espíritu al desierto, para ser tentado por el demonio. Pasó cuarenta días y cuarenta noches sin comer y, al final, tuvo hambre. Entonces se le acercó el tentador y le dijo: "Si tú eres el Hijo de Dios, manda que estas piedras se conviertan en panes". Jesús le respondió: "Está escrito: *No só lo de pan vive el hombre, sino también de toda palabra que sale de la boca de Dios*". Entonces el diablo lo llevó a la ciudad santa, lo puso en la parte más alta del templo y le dijo: "Si eres el Hijo de Dios, échate para abajo, porque está escrito:

Mandará a sus ángeles que te cuiden y ellos te tomarán en sus manos, para que no tropiece tu pie en piedra alguna". Jesús le contestó: "También está escrito: *No tentarás al Señor, tu Dios".* Luego lo llevó el diablo a un monte muy alto y desde ahí le hizo ver la grandeza de todos los reinos del mundo y le dijo: "Te daré todo esto, si te postras y me adoras". Pero Jesús le replicó: "Retírate, Satanás, porque está escrito: *Adorarás al Señor, tu Dios, y a él sólo servirás".* Entonces lo dejó el diablo y se acercaron los ángeles para servirle.

Palabra del Señor.
Gloria a ti, Señor Jesús.

Para ayudar a Jesús

El diablito es terrible cuando nos pone tentaciones. Por eso vale la pena saber cómo nos tienta para estar sobre aviso y no caer tan fácilmente. Tú misma evalúate. Pon una (V) según veas que el diablito te hace caer.

• Me enojo si pierdo en el juego.
SÍ ( )   a veces ( )   casi nunca ( )

• Me da flojera tender mi cama o de plano no la tiendo.
SÍ ( )   a veces ( )   casi nunca ( )

• Me gusta acusar a los demás para que los castiguen y crean que yo soy el(la) bueno(a).
SÍ ( )   a veces ( )   casi nunca ( )

Para probar tu inteligencia

Con el miércoles de ceniza pasado iniciamos la preparación para celebrar la Semana Santa en la que Jesús se despide de sus discípulos, es tomado preso, muere crucificado y resucita.

¿Por qué se decidió que la Cuaresma fuera de 40 días de preparación, previa a la Semana Santa?

Elige la respuesta correcta con una (V). Ojo, puede haber más de una respuesta correcta.

( ) para recordar los 40 días que Jesús oró y ayunó antes de iniciar su manifestación a Israel, según el relato de las tentaciones del Evangelio.

( ) para imitar a Alí Babá que tenía 40 ladrones.

( ) para recordar los 40 días del ayuno y las tentaciones de Jesús y que recordaban las privaciones y las tentaciones que tuvo el pueblo de Israel durante los 40 años que simbólicamente duró el camino hacia la tierra prometida, cuando vivió el Éxodo de Egipto (Núm. 32, 13).

( ) para hacer alusión también a los 40 días que duró el aguacerazo del diluvio, cuando Noé construyó el arca para los animalitos, y por el cual Dios limpió la maldad de la tierra (Gén 7, 17).

■ **16 de marzo** / 2º Domingo de Cuaresma / **Morado**

1ª Lectura

Dios manda a Abraham irse a la tierra prometida donde lo hará padre del pueblo de Israel.

Del libro del Génesis 12, 1-4

En aquellos días, dijo el Señor a Abram: "Deja tu país, a tu parentela y la casa de tu padre, para ir a la tierra que yo te mostraré. Haré nacer de ti un gran pueblo y te bendeciré. Engrandeceré tu nombre y tú mismo serás una bendición. Bendeciré a los que te bendigan, maldeciré a los que te maldigan. En ti serán bendecidos todos los pueblos de la tierra". Abram partió, como se lo había ordenado el Señor.

Palabra de Dios. R. Te alabamos, Señor.

Del Salmo 32

R. Señor, ten misericordia de nosotros.

Sincera es la palabra del Señor y todas sus acciones son leales. Él ama la justicia y el derecho, la tierra llena está de sus bondades. **R.**

Cuida el Señor de aquellos que lo temen y en su bondad confían; los salva de la muerte y en épocas de hambre les da vida. **R.**

En el Señor está nuestra esperanza, pues él es nuestra ayuda y nuestro amparo. Muéstrate bondadoso con nosotros, puesto que en ti, Señor, hemos confiado. **R.**

2ª Lectura

Dios nos da el regalo de compartir la amistad con Jesús y nos da su fuerza.

De la segunda carta del apóstol san Pablo a Timoteo 1, 8-10

Querido hermano: Comparte conmigo los sufrimientos por la predicación del Evangelio, sostenido por la fuerza de Dios. Pues Dios es quien nos ha salvado y nos ha llamado a que le consagremos nuestra vida, no porque lo merecieran nuestras buenas obras, sino porque así lo dispuso él gratuitamente. Este don, que Dios nos ha concedido por medio de Cristo Jesús desde toda la eternidad, ahora se ha manifestado con la venida del mismo Cristo Jesús, nuestro Salvador, que destruyó la muerte y ha hecho brillar la luz de la vida y de la inmortalidad, por medio del Evangelio.

Palabra de Dios. R. Te alabamos, Señor.

Se puso resplandeciente
como el sol

Evangelio

Jesús permite que sus discípulos vean la fuerza radiante de Dios.

Del santo Evangelio según san Mateo 17, 1-9

En aquel tiempo, Jesús tomó consigo a Pedro, a Santiago y a Juan, el hermano de éste, y los hizo subir a solas con él a un monte elevado. Ahí se transfiguró en su presencia: su rostro se puso resplandeciente como el sol y sus vestiduras se volvieron blancas como la nieve. De pronto aparecieron ante ellos Moisés y Elías, conversando con Jesús. Entonces Pedro le dijo a Jesús: "Señor, ¡qué bueno sería quedarnos aquí! Si quieres, haremos aquí tres chozas, una para ti, otra para Moisés y otra para Elías". Cuando aún estaba hablando, una nube luminosa los cubrió y de ella salió una voz que decía: "Éste es mi Hijo muy amado, en quien tengo puestas mis complacencias; escúchenlo". Al oír esto, los discípulos cayeron rostro en tierra, llenos de un gran temor. Jesús se acercó a ellos, los tocó y les dijo: "Levántense y no teman". Alzando entonces los ojos, ya no vieron a nadie más que a Jesús. Mientras bajaban del monte, Jesús les ordenó: "No le cuenten a nadie lo que han visto, hasta que el Hijo del hombre haya resucitado de entre los muertos".

Palabra del Señor.
R. Gloria a ti, Señor Jesús.

PARA AYUDAR A JESÚS

Un cuentito para entender la Transfiguración de Jesús.

Dos hermanas tenían una maceta cada una. Un día, al pasear por el campo, vieron cómo un borreguito hacía sus necesidades. Una de ellas vio en las esferitas cafés, casi negras, algo maravilloso: ¡Abono para su maceta! Y se puso a recogerlas. La otra dijo asqueada: ¡¡¡Guácatelas!!! Y se fue corriendo. Ya en la casa, una de las hermanas revolvió con mucho cuidado el abono con la tierra de su maceta. Al llegar la primavera y las lluvias, su maceta se cuajó de hojas verdes y poco a poco se llenó de muchas flores. En la maceta de la otra hermana brotaron las roñosas plantitas de siempre que dieron unas miserables florecitas.
¿Cuál de las dos hermanas vio sólo lo sucio del estiércol y cuál vio, en él, la vida y flores para su maceta? ¿Y los discípulos lograron ver la vida y la resurrección que vendrían de la crucifixión de Jesús o se quedaron sólo en lo sucio y doloroso de la muerte en la cruz?

¿Y tú...? ¿Ves al crucifijo como una imagen y ya o como un llamado que Dios te hace para que des vida y paz que transforme la violencia y la tristeza que vivimos?

Jesús le dijo: "Dame de beber"

■ **23 de marzo** / 3er Domingo de Cuaresma / **Morado**

1ª Lectura

Los incrédulos israelitas dudan que Dios los haga llegar a la tierra prometida cuando en el desierto no encuentran agua. Entonces Dios hace que Moisés golpee una gran peña para que brote un chorro de agua y todos puedan beber.

Del libro del Éxodo 17, 3-7

En aquellos días, el pueblo, torturado por la sed, fue a protestar contra Moisés, diciéndole: "¿Nos has hecho salir de Egipto para hacernos morir de sed a nosotros, a nuestros hijos y a nuestro ganado?"

Moisés clamó al Señor y le dijo: "¿Qué puedo hacer con este pueblo? Sólo falta que me apedreen". Respondió el Señor a Moisés: "Preséntate al pueblo, llevando contigo a algunos de los ancianos de Israel, toma en tu mano el cayado con que golpeaste el Nilo y vete. Yo estaré ante ti, sobre la peña, en Horeb. Golpea la peña y saldrá de ella agua para que beba el pueblo". Así lo hizo Moisés a la vista de los ancianos de Israel y puso por nombre a aquel lugar Masá y Meribá, por la rebelión de los hijos de Israel y porque habían tentado al Señor, diciendo: "¿Está o no está el Señor en medio de nosotros?"

Palabra de Dios.
R. Te alabamos, Señor.

Del Salmo 94

R. Señor, que no seamos sordos a tu voz.

Vengan, lancemos vivas al Señor, aclamemos al Dios que nos salva. Acerquémonos a él, llenos de júbilo, y démosle gracias. **R.**

Vengan, y puestos de rodillas, adoremos y bendigamos al Señor, que nos hizo, pues él es nuestro Dios y nosotros, su pueblo; él es nuestro pastor y nosotros, sus ovejas. **R.**

Hagámosle caso al Señor, que nos dice: "No endurezcan su corazón, como el día de la rebelión en el desierto, cuando sus padres dudaron de mí, aunque habían visto mis obras". **R.**

2ª Lectura

Jesús entrega su vida también hasta para cuando andamos con todos los demonios embravecidos.

De la carta del apóstol san Pablo a los romanos 5, 1-2. 5-8

Hermanos: Ya que hemos sido justificados por la fe, mantengámonos en paz con Dios, por mediación de nuestro Señor Jesucristo. Por él hemos obtenido, con la fe, la entrada al mundo de la gracia, en el cual nos encontramos; por él, podemos gloriarnos de tener la esperanza de participar en la gloria de Dios.

La esperanza no defrauda, porque Dios ha infundido su amor en nuestros corazones por medio del Espíritu Santo, que él mismo nos ha dado. En efecto, cuando todavía no teníamos fuerzas para salir del pecado, Cristo murió por los pecadores en el tiempo señalado. Difícilmente habrá alguien que quiera morir por un justo, aunque puede haber alguno que esté dispuesto a morir por una persona sumamente buena. Y la prueba de que Dios nos ama está en que Cristo murió por nosotros, cuando aún éramos pecadores.

Palabra de Dios. R. Te alabamos, Señor.

Evangelio

Jesús le pide agua para beber a una comadrita pecadora para que ella le pida el agua que da la vida eterna.

Del santo Evangelio según san Juan 4, 5-42

En aquel tiempo, llegó Jesús a un pueblo de Samaria, llamado Sicar, cerca del campo que dio Jacob a su hijo José. Ahí estaba el pozo de Jacob. Jesús, que venía cansado del camino, se sentó sin más en el brocal del pozo. Era cerca del mediodía.

Entonces llegó una mujer de Samaria a sacar agua y Jesús le dijo: "Dame de beber". (Sus discípulos habían ido al pueblo a comprar comida). La samaritana le contestó: "¿Cómo es que tú, siendo judío, me pides de beber a mí, que soy samaritana?" (Porque los judíos no tratan a los samaritanos). Jesús le dijo: "Si conocieras el don de Dios y quién es el que te pide de beber, tú le pedirías a él, y él te daría agua viva". La mujer le respondió: "Señor, ni siquiera tienes con qué sacar agua y el pozo es profundo, ¿cómo vas a darme agua viva? ¿Acaso eres tú más que nuestro padre Jacob, que nos dio este pozo, del que bebieron él, sus hijos y sus ganados?" Jesús le contestó: "El que bebe de esta agua vuelve a tener sed. Pero el que beba del agua que yo le daré, nunca más tendrá sed; el agua que yo le daré se convertirá dentro de él en un manantial capaz de dar la vida eterna". La mujer le dijo: "Señor, dame de esa agua para que no vuelva a tener sed ni tenga que venir hasta aquí a sacarla". Él le dijo: "Ve a llamar a tu marido y vuelve". La mujer le contestó: "No tengo marido". Jesús le dijo: "Tienes razón en decir: 'No tengo marido'. Has tenido cinco, y el de ahora no es tu marido. En eso has dicho la verdad".

La mujer le dijo: "Señor, ya veo que eres profeta. Nuestros padres dieron culto en este monte y ustedes dicen que el sitio donde se debe dar culto está en Jerusalén". Jesús le dijo: "Créeme, mujer, que se acerca la hora en que ni en este monte ni en Jerusalén adorarán al Padre. Ustedes adoran lo que no conocen; nosotros adoramos lo que conocemos. Porque la salvación viene de los judíos. Pero se acerca la hora, y ya está aquí, en que los que quieran dar culto verdadero adorarán al Padre en espíritu y en verdad, porque así es como el Padre quiere que se le dé culto. Dios es espíritu, y los que lo adoran deben hacerlo en espíritu y en verdad".

La mujer le dijo: "Ya sé que va a venir el Mesías (es decir, Cristo). Cuando venga, él nos dará razón de todo". Jesús le dijo: "Soy yo, el que habla contigo".

En esto llegaron los discípulos y se sorprendieron de que estuviera conversando con una mujer; sin embargo, ninguno le dijo: '¿Qué le preguntas o de qué hablas con ella?' Entonces la mujer dejó su cántaro, se fue al pueblo y comenzó a decir a la gente: "Vengan a ver a un hombre que me ha dicho todo lo que he hecho. ¿No será éste el Mesías?" Salieron del pueblo y se pusieron en camino hacia donde él estaba. Mientras tanto, sus discípulos le insistían: "Maestro, come". Él les dijo: "Yo tengo por comida un alimento que ustedes no conocen".

Los discípulos comentaban entre sí: "¿Le habrá traído alguien de comer?" Jesús les dijo: "Mi alimento es hacer la voluntad del que me envió y llevar a término su obra. ¿Acaso no dicen ustedes que todavía faltan cuatro meses para la siega? Pues bien, yo les digo: Levanten los ojos y contemplen los campos, que ya están dorados para la siega. Ya el segador recibe su jornal y almacena frutos para la vida eterna. De este modo se alegran por igual el sembrador y el segador. Aquí se cumple el dicho: 'Uno es el que siembra y otro el que cosecha'. Yo los envié a cosechar lo que no habían trabajado. Otros trabajaron y ustedes recogieron su fruto".

Muchos samaritanos de aquel poblado creyeron en Jesús por el testimonio de la mujer: 'Me dijo todo lo que he hecho'. Cuando los samaritanos llegaron a donde él estaba, le rogaban que se quedara con ellos, y se quedó allí dos días. Muchos más creyeron en él al oír su palabra. Y decían a la mujer: "Ya no creemos por lo que tú nos has contado, pues nosotros mismos lo hemos oído y sabemos que él es, de veras, el Salvador del mundo".

Palabra del Señor.
R. Gloria a ti, Señor Jesús.

Para probar tu
INTELIGENCIA

¿Por qué es tan importante el agua? Completa las frases siguientes en que se ve lo bueno del agua con alguna de estas palabras:

bañarme   **beber**   **bautizar**   regar   **divertirme**   mojar

El agua sirve para:

_____ las plantitas para que no se mueran.

_____ cuando nos mojamos en las fiestas.

_____ el barro para hacer los ladrillos de las casas.

_____ a los niños y hacerlos hijos de Dios.

_____ cuando estoy mugroso.

_____ cuando tengo sed.

"Ve a lavarte en la piscina de Siloé"

■ **30 de marzo**

/ 4° Domingo de Cuaresma / **Rosa o morado**

1ª Lectura

El profeta Samuel unge a David como rey de Israel.

Del primer libro de Samuel 16, 1. 6-7. 10-13

En aquellos días, dijo el Señor a Samuel: "Ve a la casa de Jesé, en Belén, porque de entre sus hijos me he escogido un rey. Llena, pues, tu cuerno de aceite para ungirlo y vete".

Cuando llegó Samuel a Belén y vio a Eliab, el hijo mayor de Jesé, pensó: "Éste es, sin duda, el que voy a ungir como rey". Pero el Señor le dijo: "No te dejes impresionar por su aspecto ni por su gran estatura, pues yo lo he descartado, porque yo no juzgo como juzga el hombre. El hombre se fija en las apariencias, pero el Señor se fija en los corazones".

Así fueron pasando ante Samuel siete de los hijos de Jesé; pero Samuel dijo: "Ninguno de éstos es el elegido del Señor". Luego le preguntó a Jesé: "¿Son éstos todos tus hijos?"

Él respondió: "Falta el más pequeño, que está cuidando el rebaño". Samuel le dijo: "Hazlo venir, porque no nos sentaremos a comer hasta que llegue". Y Jesé lo mandó llamar.

El muchacho era rubio, de ojos vivos y buena presencia. Entonces el Señor dijo a Samuel: "Levántate y úngelo, porque éste es". Tomó Samuel el cuerno con el aceite y lo ungió delante de sus hermanos. A partir de aquel día, el espíritu del Señor estuvo con David.

Palabra de Dios.
R. Te alabamos, Señor.

Del Salmo 22

R. El Señor es mi pastor,
nada me faltará.

El Señor es mi pastor, nada me falta;
en verdes praderas me hace reposar
y hacia fuentes tranquilas
me conduce para reparar
mis fuerzas. **R.**

Por ser un Dios fiel a sus promesas,
me guía por el sendero recto;
así, aunque camine por cañadas
oscuras, nada temo, porque tú estás
conmigo. Tu vara y tu cayado me
dan seguridad. **R.**

Tú mismo me preparas la mesa,
a despecho de mis adversarios;
me unges la cabeza con perfume
y llenas mi copa hasta los bordes. **R.**

Tu bondad y tu misericordia me
acompañarán todos los días de mi
vida; y viviré en la casa del Señor
por años sin término. **R.**

2ª Lectura

**Levántate de entre los
muertos y Cristo será tu
luz.**

De la carta del apóstol san Pablo a los
efesios 5, 8-14

Hermanos: En otro tiempo ustedes fueron tinieblas, pero ahora, unidos al Señor,
son luz. Vivan, por lo tanto, como hijos
de la luz. Los frutos de la luz son la bondad, la santidad y la verdad. Busquen lo
que es agradable al Señor y no tomen
parte en las obras estériles de los que
son tinieblas. Al contrario, repruébenlas
abiertamente; porque, si bien las cosas
que ellos hacen en secreto da vergüenza aun mencionarlas, al ser reprobadas
abiertamente, todo queda en claro,
porque todo lo que es iluminado por la
luz se convierte en luz. Por eso se dice:
*Despierta, tú que duermes; levántate de
entre los muertos y Cristo será tu luz.*

Palabra de Dios.
R. Te alabamos, Señor.

Evangelio

**Tenemos que ser
súper buenas ondas
como Jesús y no an-
dar dando vergüenza
por nuestras
maldades.**

Del santo Evangelio según san Juan 9,
1-41

En aquel tiempo, Jesús vio al pasar a
un ciego de nacimiento, y sus discípulos le preguntaron: "Maestro, ¿quién
pecó para que éste naciera ciego, él o
sus padres?" Jesús respondió: "Ni él pecó,
ni tampoco sus padres. Nació así para
que en él se manifestaran las obras
de Dios. Es necesario que yo haga las
obras del que me envió, mientras es de
día, porque luego llega la noche y ya
nadie puede trabajar. Mientras esté en
el mundo, yo soy la luz del mundo".

Dicho esto, escupió en el suelo, hizo lodo
con la saliva, se lo puso en los ojos al
ciego y le dijo: "Ve a lavarte en la piscina
de Siloé" (que significa 'Enviado'). Él fue,
se lavó y volvió con vista. Entonces los
vecinos y los que lo habían visto antes
pidiendo limosna, preguntaban: "¿No
es éste el que se sentaba a pedir limosna?" Unos decían: "Es el mismo". Otros:

"No es él, sino que se le parece". Pero
él decía: "Yo soy". Y le preguntaban:
"Entonces, ¿cómo se te abrieron los
ojos?" Él les respondió: "El hombre que
se llama Jesús hizo lodo, me lo puso en
los ojos y me dijo: 'Ve a Siloé y lávate'.
Entonces fui, me lavé y comencé a ver".
Le preguntaron: "¿En dónde está él?" Les
contestó: "No lo sé". Llevaron entonces
ante los fariseos al que había sido ciego.
Era sábado el día en que Jesús hizo lodo
y le abrió los ojos. También los fariseos le
preguntaron cómo había adquirido la
vista. Él les contestó: "Me puso lodo en los
ojos, me lavé y veo".

Algunos de los fariseos comentaban:
"Ese hombre no viene de Dios, porque
no guarda el sábado". Otros replicaban:
"¿Cómo puede un pecador hacer semejantes prodigios?" Y había división entre
ellos. Entonces volvieron a preguntarle
al ciego: "Y tú, ¿qué piensas del que te
abrió los ojos?" Él les contestó: "Que es un
profeta".

Pero los judíos no creyeron que aquel
hombre, que había sido ciego, hubiera
recobrado la vista. Llamaron, pues, a
sus padres y les preguntaron: "¿Es éste
su hijo, del que ustedes dicen que nació
ciego? ¿Cómo es que ahora ve?" Sus
padres contestaron: "Sabemos que éste

es nuestro hijo y que nació ciego. Cómo es que ahora ve o quién le haya dado la vista, no lo sabemos. Pregúntenselo a él; ya tiene edad suficiente y responderá por sí mismo". Los padres del que había sido ciego dijeron esto por miedo a los judíos, porque éstos ya habían convenido en expulsar de la sinagoga a quien reconociera a Jesús como el Mesías. Por eso sus padres dijeron: "Ya tiene edad; pregúntenle a él".

Llamaron de nuevo al que había sido ciego y le dijeron: "Da gloria a Dios. Nosotros sabemos que ese hombre es pecador". Contestó él: "Si es pecador, yo no lo sé; sólo sé que yo era ciego y ahora veo". Le preguntaron otra vez: "¿Qué te hizo? ¿Cómo te abrió los ojos?" Les contestó: "Ya se lo dije a ustedes y no me han dado crédito. ¿Para qué quieren oírlo otra vez? ¿Acaso también ustedes quieren hacerse discípulos suyos?" Entonces ellos lo llenaron de insultos y le dijeron: "Discípulo de ése lo serás tú. Nosotros somos discípulos de Moisés. Nosotros sabemos que a Moisés le habló Dios. Pero ése, no sabemos de dónde viene".

Replicó aquel hombre: "Es curioso que ustedes no sepan de dónde viene y, sin embargo, me ha abierto los ojos. Sabemos que Dios no escucha a los pecadores, pero al que lo teme y hace su voluntad, a ése sí lo escucha. Jamás se había oído decir que alguien abriera los ojos a un ciego de nacimiento. Si éste no viniera de Dios, no tendría ningún poder". Le replicaron: "Tú eres puro pecado desde que naciste, ¿cómo pretendes darnos lecciones?" Y lo echaron fuera.

Supo Jesús que lo habían echado fuera, y cuando lo encontró, le dijo: "¿Crees tú en el Hijo del hombre?" Él contestó: "¿Y quién es, Señor, para que yo crea en él?" Jesús le dijo: "Ya lo has visto; el que está hablando contigo, ése es". Él dijo: "Creo, Señor". Y postrándose, lo adoró.

Entonces le dijo Jesús: "Yo he venido a este mundo para que se definan los campos: para que los ciegos vean, y los que ven queden ciegos". Al oír esto, algunos fariseos que estaban con él le preguntaron: "¿Entonces, también nosotros estamos ciegos?" Jesús les contestó: "Si estuvieran ciegos, no tendrían pecado; pero como dicen que ven, siguen en su pecado".

Palabra del Señor.
R. Gloria a ti, Señor Jesús.

PARA AYUDAR A JESÚS

Hubo un tiempo en que:

- Capturar, vender y explotar a seres humanos como esclavos era visto como algo normal. Ahora ya vemos que la esclavitud es algo inhumano.

- Hacer la guerra y matar gente y destruir sus casas y sus lugares de trabajo era visto como un acto digno de ser reprobado. Ahora al ver a los niños muertos y mutilados por la guerra ya vemos que es algo vergonzoso.

- Fumar era una costumbre normal y hasta elegante. Ahora que conocemos cómo agonizan los enfermos de cáncer de pulmón, sabemos que fumar lleva a la muerte.

Hubo un tiempo en que burlarse, en el salón de clase, de los niños mal vestiditos, o que no saben hacer las cosas o son callados o tímidos, era festejado por todos, aunque esto los hiciera llorar y los pusiera tristes.

¿Podrías ayudar a Jesús para que esos niños no sean humillados, tratándolos tú con respeto para hacerlos sentir que también tienen derecho a ser felices, y a aprender a hacer bien las cosas, a jugar y convivir con alegría?

"¡Lázaro, sal de allí!"

1ª Lectura

El Profeta Ezequiel anuncia cómo Jesús nos dará al Espíritu de Dios que nos hará resucitar.

Del libro del profeta Ezequiel 37, 12-14

Esto dice el Señor Dios: "Pueblo mío, yo mismo abriré sus sepulcros, los haré salir de ellos y los conduciré de nuevo a la tierra de Israel. Cuando abra sus sepulcros y los saque de ellos, pueblo mío, ustedes dirán que yo soy el Señor. Entonces les infundiré mi espíritu y vivirán, los estableceré en su tierra y ustedes sabrán que yo, el Señor, lo dije y lo cumplí".

Palabra de Dios.
R. Te alabamos, Señor.

Del Salmo 129

R. Perdónanos, Señor, y viviremos.

Desde el abismo de mis pecados
clamo a ti; Señor, escucha mi clamor;
que estén atentos tus oídos a mi voz
suplicante. **R.**

Si conservaras el recuerdo de las culpas,
¿quién habría, Señor, que se salvara?
Pero de ti procede el perdón,
por eso con amor te veneramos. **R.**

Confío en el Señor, mi alma espera y
confía en su palabra; mi alma aguarda
al Señor, mucho más que a la aurora
el centinela. **R.**

Como aguarda a la aurora el centinela,
aguarda Israel al Señor,
porque del Señor viene la misericordia y
la abundancia de la redención,
y él redimirá a su pueblo
de todas sus iniquidades. **R.**

Si hacemos el bien como lo hizo Jesús, es porque el Espíritu de Dios nos mueve a hacerlo como movía a Jesús. Y ese Espíritu nos hará resucitar como resucitó a Jesús.

De la carta del apóstol san Pablo a los romanos 8, 8-11

Hermanos: Los que viven en forma desordenada y egoísta no pueden agradar a Dios. Pero ustedes no llevan esa clase de vida, sino una vida conforme al Espíritu, puesto que el Espíritu de Dios habita verdaderamente en ustedes. Quien no tiene el Espíritu de Cristo, no es de Cristo. En cambio, si Cristo vive en ustedes, aunque su cuerpo siga sujeto a la muerte a causa del pecado, su espíritu vive a causa de la actividad salvadora de Dios. Si el Espíritu del Padre, que resucitó a Jesús de entre los muertos, habita en ustedes, entonces el Padre, que resucitó a Jesús de entre los muertos, también les dará vida a sus cuerpos mortales, por obra de su Espíritu, que habita en ustedes.

Palabra de Dios.   *R. Te alabamos, Señor.*

Evangelio

Cuando muere Lázaro, su amigo Jesús va a su sepulcro y le devuelve la vida como señal de que él es quien nos hará resucitar.

Del santo Evangelio según san Juan 11, 1-45

En aquel tiempo, se encontraba enfermo Lázaro, en Betania, el pueblo de María y de su hermana Marta. María era la que una vez ungió al Señor con perfume y le enjugó los pies con su cabellera. El enfermo era su hermano Lázaro. Por eso las dos hermanas le mandaron decir a Jesús: "Señor, el amigo a quien tanto quieres está enfermo".

Al oír esto, Jesús dijo: "Esta enfermedad no acabará en la muerte, sino que servirá para la gloria de Dios, para que el Hijo de Dios sea glorificado por ella". Jesús amaba a Marta, a su hermana y a Lázaro. Sin embargo, cuando se enteró de que Lázaro estaba enfermo, se detuvo dos días más en el lugar en que se hallaba. Después dijo a sus discípulos: "Vayamos otra vez a Judea". Los discípulos le dijeron: "Maestro, hace poco que los judíos querían apedrearte, ¿y tú vas a volver allá?" Jesús les contestó: "¿Acaso no tiene doce horas el día? El que camina de día no tropieza, porque ve la luz de este mundo; en cambio, el que camina de noche tropieza, porque le falta la luz".

Dijo esto y luego añadió: "Lázaro, nuestro amigo, se ha dormido; pero yo voy ahora a despertarlo". Entonces le dijeron sus discípulos: "Señor, si duerme, es que va a sanar". Jesús hablaba de la muerte, pero ellos creyeron que hablaba del sueño natural. Entonces Jesús les dijo abiertamente: "Lázaro ha muerto, y me alegro por ustedes de no haber estado allí, para que crean. Ahora, vamos allá". Entonces Tomás, por sobrenombre el Gemelo, dijo a los demás discípulos: "Vayamos también nosotros, para morir con él". Cuando llegó Jesús, Lázaro llevaba ya cuatro días en el sepulcro. Betania quedaba cerca de Jerusalén, como a unos dos kilómetros y medio, y muchos judíos habían ido a ver a Marta y a María para consolarlas por la muerte de su hermano. Apenas oyó Marta que Jesús llegaba, salió a su encuentro; pero María se quedó en casa. Le dijo Marta a Jesús: "Señor, si hubieras estado aquí, no habría muerto mi hermano. Pero aun ahora estoy segura de que Dios te concederá cuanto le pidas".

Jesús le dijo: "Tu hermano resucitará". Marta respondió: "Ya sé que resucitará en la resurrección del último día". Jesús le dijo: "Yo soy la resurrección y la vida. El que cree en mí, aunque haya muerto, vivirá; y todo aquel que está vivo y cree en mí, no morirá para siempre. ¿Crees tú esto?" Ella le contestó: "Sí, Señor. Creo firmemente que tú eres el Mesías, el Hijo de Dios, el que tenía que venir al mundo".

Después de decir estas palabras, fue a buscar a su hermana María y le dijo en voz baja: "Ya vino el Maestro y te llama". Al oír esto, María se levantó en el acto y salió hacia donde estaba Jesús, porque él no había llegado aún al pueblo, sino que estaba en el lugar donde Marta lo había encontrado. Los judíos que estaban con María en la casa, consolándola, viendo que ella se levantaba y salía de prisa, pensaron que iba al sepulcro para llorar allí y la siguieron.

Cuando llegó María adonde estaba Jesús, al verlo, se echó a sus pies y le dijo: "Señor, si hubieras estado aquí, no habría muerto mi hermano". Jesús, al verla llorar y al ver llorar a los judíos que la acompañaban, se conmovió hasta lo más hondo y preguntó: "¿Dónde lo han puesto?" Le contestaron: "Ven, Señor, y lo verás". Jesús se puso a llorar y los judíos comentaban: "De veras ¡cuánto lo amaba!" Algunos decían: "¿No podía éste, que abrió los ojos al ciego de nacimiento, hacer que Lázaro no muriera?" Jesús, profundamente conmovido todavía, se detuvo ante el sepulcro, que era una cueva, sellada con una losa. Entonces dijo Jesús: "Quiten la losa". Pero Marta,

la hermana del que había muerto, le replicó: "Señor, ya huele mal, porque lleva cuatro días". Le dijo Jesús: "¿No te he dicho que si crees, verás la gloria de Dios?" Entonces quitaron la piedra.

Jesús levantó los ojos a lo alto y dijo: "Padre, te doy gracias porque me has escuchado. Yo ya sabía que tú siempre me escuchas; pero lo he dicho a causa de esta muchedumbre que me rodea, para que crean que tú me has enviado". Luego gritó con voz potente: "¡Lázaro, sal de allí!" Y salió el muerto, atados con vendas las manos y los pies, y la cara envuelta en un sudario. Jesús les dijo: "Desátenlo, para que pueda andar".

Muchos de los judíos que habían ido a casa de Marta y María, al ver lo que había hecho Jesús, creyeron en él.

Palabra del Señor.
R. Gloria a ti, Señor Jesús.

Para probar tu
INTELIGENCIA

¿cómo te imaginas que estaremos en la vida de la resurrección cuando lleguemos a la casa del buen Dios?

Elige los paréntesis que quieras: pueden ser 1, 2, 3 o todos.

( ) estaremos alegres como en una alberca jugando con tooooodos los amigos y donde todas las personas son muy buenas ondas.

( ) estaremos emocionadísimos como cuando vamos con los mejores amigos a un viaje por lugares muy divertidos donde hasta las ardillas bajan para jugar con los niños.

( ) estaremos interesadísimos como cuando vemos una película de magos galácticos buenos que hacen aparecer caballos con alas para que se puedan subir en ellos los niños y volar por tooooodas las estrellas.

( ) andaremos contentos como cuando en la escuela nos dan más recreo y dejan subirse gratis a los niños en tooooodos los juegos traídos desde *Disney.*

¿cómo van a estar los niños a quienes les gusta molestar a todos, y en el cielo naaadie se molesta con ellos, porque los niños están tan felices que ni notan que tratan de molestarlos?

Éste es mi Cuerpo...

1ª Lectura

Al relatar Isaías su confianza en Dios y su sufrimiento por ser profeta, describe la confianza y el dolor de Jesús, cuando vivió la Pasión.

Del libro del profeta Isaías 50, 4-7

En aquel entonces, dijo Isaías: "El Señor me ha dado una lengua experta, para que pueda confortar al abatido con palabras de aliento. Mañana tras mañana, el Señor despierta mi oído, para que escuche yo, como discípulo. El Señor Dios me ha hecho oír sus palabras y yo no he opuesto resistencia ni me he echado para atrás. Ofrecí la espalda a los que me golpeaban, la mejilla a los que me tiraban de la barba. No aparté mi rostro de los insultos y salivazos. Pero el Señor me ayuda, por eso no quedaré confundido, por eso endurecí mi rostro como roca y sé que no quedaré avergonzado".

Palabra de Dios.   *R. Te alabamos, Señor.*

Del Salmo 21

R. Dios mío, Dios mío, ¿por qué me has abandonado?

Todos los que me ven, de mí se burlan; me hacen gestos y dicen: "Confiaba en el Señor, pues que él lo salve; si de veras lo ama, que lo libre". **R.**

Los malvados me cercan por doquiera como rabiosos perros. Mis manos y mis pies han taladrado y se pueden contar todos mis huesos. **R.**

Reparten entre sí mis vestiduras y se juegan mi túnica a los dados. Señor, auxilio mío, ven y ayúdame, no te quedes de mí tan alejado. **R.**

A mis hermanos contaré tu gloria y en la asamblea alabaré tu nombre. Que alaben al Señor los que lo temen. Que el pueblo de Israel siempre lo adore. **R.**

2ª Lectura

Jesús dejó su gloria y se hizo uno de nosotros hasta sufrir nuestra violencia en la cruz. **Por eso merece todo nuestro agradecimiento.**

De la carta del apóstol san Pablo a los filipenses 2, 6-11

Cristo Jesús, siendo Dios, no consideró que debía aferrarse a las prerrogativas de su condición divina, sino que, por el contrario, se anonadó a sí mismo, tomando la condición de siervo, y se hizo semejante a los hombres. Así, hecho uno de ellos, se humilló a sí mismo y por obediencia aceptó incluso la muerte, y una muerte de cruz. Por eso Dios lo exaltó sobre todas las cosas y le otorgó el nombre que está sobre todo nombre, para que, al nombre de Jesús, todos doblen la rodilla en el cielo, en la tierra y en los abismos, y todos reconozcan públicamente que Jesucristo es el Señor, para gloria de Dios Padre.

Palabra de Dios.
R. Te alabamos, Señor.

Evangelio

San Mateo nos cuenta cómo vivió Jesús sus últimos momentos al morir en la Cruz.

PASIÓN DE NUESTRO SEÑOR JESUCRISTO SEGÚN SAN MATEO
26, 14–27, 66

¿Cuánto me dan si les entrego a Jesús?

En aquel tiempo, uno de los Doce, llamado Judas Iscariote, fue a ver a los sumos sacerdotes y les dijo: "¿Cuánto me dan si les entrego a Jesús?" Ellos quedaron en darle treinta monedas de plata. Y desde ese momento andaba buscando una oportunidad para entregárselo.

¿Dónde quieres que te preparemos la cena de Pascua?

El primer día de la fiesta de los panes Ázimos, los discípulos se acercaron a Jesús y le preguntaron: "¿Dónde quieres que te preparemos la cena de Pascua?" Él respondió: "Vayan a la ciudad, a casa de fulano y díganle:

'El Maestro dice: Mi hora está ya cerca. Voy a celebrar la Pascua con mis discípulos en tu casa'". Ellos hicieron lo que Jesús les había ordenado y prepararon la cena de Pascua.

Uno de ustedes va a entregarme

Al atardecer, se sentó a la mesa con los Doce, y mientras cenaban, les dijo: "Yo les aseguro que uno de ustedes va a entregarme". Ellos se pusieron muy tristes y comenzaron a preguntarle uno por uno: "¿Acaso soy yo, Señor?" Él respondió: "El que moja su pan en el mismo plato que yo, ése va a entregarme. Porque el Hijo del hombre va a morir, como está escrito de él; pero ¡ay de aquel por quien el Hijo del hombre va a ser entregado! Más le valiera a ese hombre no haber nacido". Entonces preguntó Judas, el que lo iba a entregar: "¿Acaso soy yo, Maestro?" Jesús le respondió: "Tú lo has dicho".

Éste es mi cuerpo. Ésta es mi Sangre

Durante la cena, Jesús tomó un pan y, pronunciada la bendición, lo partió y lo dio a sus discípulos, diciendo: "Tomen y coman. Éste es mi Cuerpo". Luego tomó en sus manos una copa de vino y, pronunciada la acción de gracias, la pasó a sus discípulos, diciendo: "Beban todos de ella, porque ésta es mi Sangre, Sangre de la nueva alianza, que será derramada por todos, para el perdón de los pecados. Les digo que ya no beberé más del fruto de la vid, hasta el día en que beba con ustedes el vino nuevo en el Reino de mi Padre".

Heriré al pastor y se dispersarán las ovejas

Después de haber cantado el himno, salieron hacia el monte de los Olivos. Entonces Jesús les dijo: "Todos ustedes se van a escandalizar de mí esta noche, porque está escrito: *Heriré al pastor y se dispersarán las ovejas del rebaño.* Pero después de que yo resucite, iré delante de ustedes a Galilea". Entonces Pedro le replicó: "Aunque todos se escandalicen de ti, yo nunca me escandalizaré". Jesús le dijo: "Yo te aseguro que esta misma noche, antes de que el gallo cante, me habrás negado tres veces". Pedro le replicó: "Aunque tenga que morir contigo, no te negaré". Y lo mismo dijeron todos los discípulos.

comenzó a sentir tristeza y angustia

Entonces Jesús fue con ellos a un lugar llamado Getsemaní y dijo a los discípulos: "Quédense aquí mientras yo voy a orar más allá". Se llevó consigo a Pedro y a los dos hijos de Zebedeo y comenzó a sentir tristeza y angustia. Entonces les dijo: "Mi alma está llena de una tristeza mortal. Quédense aquí y velen conmigo". Avanzó unos pasos más, se postró rostro en tierra y comenzó a orar, diciendo: "Padre mío, si es posible, que pase de mí este cáliz; pero que no se haga como yo quiero, sino como quieres tú". Volvió entonces a donde estaban los discípulos y los encontró dormidos. Dijo a Pedro: "¿No han podido velar conmigo ni una hora? Velen y oren, para no caer en la tentación, porque el espíritu está pronto, pero la carne es débil". Y alejándose de nuevo, se puso a orar, diciendo: "Padre mío, si este cáliz no puede pasar sin que yo lo beba, hágase tu voluntad". Después volvió y encontró a sus discípulos otra vez dormidos, porque tenían los ojos cargados de sueño. Los dejó y se fue a orar de nuevo, por tercera

vez, repitiendo las mismas palabras. Después de esto, volvió a donde estaban los discípulos y les dijo: "Duerman ya y descansen. He aquí que llega la hora y el Hijo del hombre va a ser entregado en manos de los pecadores. ¡Levántense! ¡Vamos! Ya está aquí el que me va a entregar".

Echaron mano a Jesús y lo aprehendieron

Todavía estaba hablando Jesús, cuando llegó Judas, uno de los Doce, seguido de una chusma numerosa con espadas y palos, enviada por los sumos sacerdotes y los ancianos del pueblo. El que lo iba a entregar les había dado esta señal: "Aquel a quien yo le dé un beso, ése es. Aprehéndanlo". Al instante se acercó a Jesús y le dijo: "¡Buenas noches, Maestro!" Y lo besó. Jesús le dijo: "Amigo, ¿es esto a lo que has venido?" Entonces se acercaron a Jesús, le echaron mano y lo apresaron. Uno de los que estaban con Jesús, sacó la espada, hirió a un criado del sumo sacerdote y le cortó una oreja. Le dijo entonces Jesús: "Vuelve la espada a su lugar, pues quien usa la espada, a espada morirá. ¿No crees que si yo se lo pidiera a mi Padre, él pondría ahora mismo a mi disposición más de doce legiones de ángeles? Pero, ¿cómo se cumplirían entonces las Escrituras, que dicen que así debe suceder?" Enseguida dijo Jesús a aquella chusma: "¿Han salido ustedes a apresarme como a un bandido, con espadas y palos? Todos los días yo enseñaba, sentado en el templo, y no me aprehendieron. Pero todo esto ha sucedido para que se cumplieran las predicciones de los profetas". Entonces todos los discípulos lo abandonaron y huyeron.

Verán al Hijo del hombre sentado a la derecha de Dios

Los que aprehendieron a Jesús lo llevaron a la casa del sumo sacerdote Caifás, donde los escribas y los ancianos estaban reunidos. Pedro los fue siguiendo de lejos hasta el palacio del sumo sacerdote. Entró y se sentó con los criados para ver en qué paraba aquello. Los sumos sacerdotes y todo el sanedrín andaban buscando un falso testimonio contra Jesús, con ánimo de darle muerte; pero no lo encontraron, aunque se presentaron muchos testigos falsos. Al fin llegaron dos, que dijeron: "Éste dijo: 'Puedo derribar el templo de Dios y reconstruirlo en tres días' ". Entonces el sumo sacerdote se levantó y le dijo: "¿No respondes nada a lo que éstos atestiguan en contra tuya?" Como Jesús callaba, el sumo sacerdote le dijo: "Te conjuro por el Dios vivo a que nos digas si tú eres el Mesías, el Hijo de Dios". Jesús le respondió: "Tú lo has dicho. Además, yo les declaro que pronto verán al Hijo del hombre, sentado a la derecha de Dios, venir sobre las nubes del cielo". Entonces el sumo sacerdote rasgó sus vestiduras y exclamó: "¡Ha blasfemado! ¿Qué necesidad tenemos ya de testigos? Ustedes mismos han oído la blasfemia. ¿Qué les parece?" Ellos respondieron: "Es reo de muerte". Luego comenzaron a escupirle en la cara y a darle de bofetadas. Otros lo golpeaban, diciendo: "Adivina quién es el que te ha pegado".

Antes de que el gallo cante, me habrás negado tres veces

Entretanto, Pedro estaba fuera, sentado en el patio. Una criada se le acercó y le dijo: "Tú también estabas con Jesús, el galileo". Pero

él lo negó ante todos, diciendo: "No sé de qué me estás hablando". Ya se iba hacia el zaguán, cuando lo vio otra criada y dijo a los que estaban ahí: "También ése andaba con Jesús, el nazareno". Él de nuevo lo negó con juramento: "No conozco a ese hombre". Poco después se acercaron a Pedro los que estaban ahí y le dijeron: "No cabe duda de que tú también eres de ellos, pues hasta tu modo de hablar te delata". Entonces él comenzó a echar maldiciones y a jurar que no conocía a aquel hombre. Y en aquel momento cantó el gallo. Entonces se acordó Pedro de que Jesús había dicho: 'Antes de que cante el gallo, me habrás negado tres veces'. Y saliendo de ahí se soltó a llorar amargamente.

Llevaron a Jesús ante el procurador Poncio Pilato

Llegada la mañana, todos los sumos sacerdotes y los ancianos del pueblo celebraron consejo contra Jesús para darle muerte. Después de atarlo, lo llevaron ante el procurador, Poncio Pilato, y se lo entregaron.

Entonces Judas, el que lo había entregado, viendo que Jesús había sido condenado a muerte, devolvió arrepentido las treinta monedas de plata a los sumos sacerdotes y a los ancianos, diciendo: "Pequé, entregando la sangre de un inocente". Ellos dijeron: "¿Y a nosotros qué nos importa? Allá tú". Entonces Judas arrojó las monedas de plata en el templo, se fue y se ahorcó.

No es lícito juntarlas con el dinero de las limosnas

Los sumos sacerdotes tomaron las monedas de plata y dijeron: "No es lícito juntarlas con el dinero de las limosnas, porque son precio de sangre". Después de deliberar, compraron con ellas el Campo del alfarero, para sepultar ahí a los extranjeros. Por eso aquel campo se llama hasta el día de hoy "Campo de sangre". Así se cumplió lo que dijo el profeta Jeremías: *Tomaron las treinta monedas de plata en que fue tasado aquel a quien pusieron precio algunos hijos de Israel, y las dieron por el Campo del alfarero, según lo que me ordenó el Señor.*

¿Eres tú el rey de los judíos?

Jesús compareció ante el procurador, Poncio Pilato, quien le preguntó: "¿Eres tú el rey de los judíos?" Jesús respondió: "Tú lo has dicho". Pero nada respondió a las acusaciones que le hacían los sumos sacerdotes y los ancianos. Entonces le dijo Pilato:

"¿No oyes todo lo que dicen contra ti?" Pero él nada respondió, hasta el punto de que el procurador se quedó muy extrañado.

Con ocasión de la fiesta de la Pascua, el procurador solía conceder a la multitud la libertad del preso que quisieran. Tenían entonces un preso famoso, llamado Barrabás. Dijo, pues, Pilato a los ahí reunidos: "¿A quién quieren que les deje en libertad: a Barrabás o a Jesús, que se dice el Mesías?" Pilato sabía que se lo habían entregado por envidia.

Estando él sentado en el tribunal, su mujer mandó decirle: "No te metas con ese hombre justo, porque hoy he sufrido mucho en sueños por su causa".

Mientras tanto, los sumos sacerdotes y los ancianos convencieron a la muchedumbre de que pidieran la libertad de Barrabás y la muerte de Jesús. Así, cuando el procurador les preguntó: "¿A cuál de los dos quieren que les suelte?", ellos respondieron: "A Barrabás". Pilato les dijo: "¿Y qué voy a hacer con Jesús, que se dice el Mesías?" Respondieron todos: "Crucifícalo". Pilato preguntó: "Pero, ¿qué mal ha hecho?" Mas ellos seguían gritando cada vez con más fuerza: "¡Crucifícalo!"

Entonces Pilato, viendo que nada conseguía y que crecía el tumulto, pidió agua y se lavó las manos ante el pueblo, diciendo: "Yo no me hago responsable de la muerte de este hombre justo. Allá ustedes". Todo el pueblo respondió: "¡Que su sangre caiga sobre nosotros y sobre nuestros hijos!" Entonces Pilato puso en libertad a Barrabás. En cambio a Jesús lo hizo azotar y lo entregó para que lo crucificaran.

¡Viva el rey de los judíos!

Los soldados del procurador llevaron a Jesús al pretorio y reunieron alrededor de él a todo el batallón. Lo desnudaron, le echaron encima un manto de púrpura, trenzaron una corona de espinas y se la pusieron en la cabeza; le pusieron una caña en su mano derecha y, arrodillándose ante él, se burlaban diciendo: "¡Viva el rey de los judíos!", y le escupían. Luego, quitándole la caña, lo golpeaban con ella en la cabeza. Después de que se burlaron de él, le quitaron el manto, le pusieron sus ropas y lo llevaron a crucificar.

Juntamente con él crucificaron a dos ladrones

Al salir, encontraron a un hombre de Cirene, llamado Simón, y lo obligaron a llevar la cruz. Al llegar a un lugar llamado Gólgota, es decir, "Lugar de la Calavera", le dieron a beber a Jesús vino mezclado con hiel; él lo probó, pero no lo quiso beber. Los que lo crucificaron se repartieron sus vestidos, echando suertes, y se quedaron sentados ahí para custodiarlo. Sobre su cabeza pusieron por escrito la causa de su condena: 'Éste es Jesús, el rey de los judíos'. Juntamente con él, crucificaron a dos ladrones, uno a su derecha y el otro a su izquierda.

Si eres el Hijo de Dios, baja de la cruz

Los que pasaban por ahí lo insultaban moviendo la cabeza y gritándole: "Tú, que destruyes el templo y en tres días lo reedificas, sálvate a ti mismo; si eres el Hijo de Dios, baja de la cruz". También se burlaban de él los sumos sacerdotes, los escribas y los ancianos, diciendo: "Ha salvado a otros y no puede salvarse a sí mismo. Si es el rey de Israel, que baje de la cruz y creeremos en él. Ha puesto su confianza en Dios, que Dios lo salve ahora, si es que de verdad lo ama, pues él ha dicho: 'Soy el Hijo de Dios' ". Hasta los ladrones que estaban crucificados a su lado lo injuriaban.

Elí, Elí, ¿lemá sabactaní?

Desde el mediodía hasta las tres de la tarde, se oscureció toda aquella tierra. Y alrededor de las tres, Jesús exclamó con fuerte voz: *"Elí, Elí, ¿lemá sabactaní?"*, que quiere decir: "Dios mío, Dios mío, ¿por qué me has abandonado?" Algunos de los presentes, al oírlo, decían: "Está llamando a Elías". Enseguida uno de ellos fue corriendo a tomar una esponja, la empapó en vinagre y sujetándola a una caña, le ofreció de beber. Pero los otros le dijeron: "Déjalo. Vamos a ver si viene Elías a salvarlo". Entonces Jesús, dando de nuevo un fuerte grito, expiró.

(Aquí todos se arrodillan y guardan silencio por unos instantes).

Entonces el velo del templo se rasgó en dos partes, de arriba a abajo, la tierra tembló y las rocas se partieron. Se abrieron los sepulcros y resucitaron muchos justos que habían muerto, y después de la resurrección de Jesús, entraron en la ciudad santa y se aparecieron a mucha gente. Por su parte, el oficial y los que estaban con él custodiando a Jesús, al ver el terremoto y las cosas que ocurrían, se llenaron de un gran temor y dijeron: "Verdaderamente éste era Hijo de Dios".

Estaban también allí, mirando desde lejos, muchas de las mujeres que habían seguido a Jesús desde Galilea para servirlo. Entre ellas estaban María Magdalena, María, la madre de Santiago y de José, y la madre de los hijos de Zebedeo.

José tomó el cuerpo de Jesús y lo depositó en un sepulcro nuevo

Al atardecer, vino un hombre rico de Arimatea, llamado José, que se había hecho también discípulo de Jesús. Se presentó a Pilato y le pidió el cuerpo de Jesús, y Pilato dio orden de que se lo entregaran. José tomó el cuerpo, lo envolvió en una sábana limpia y lo depositó en un sepulcro nuevo, que había hecho excavar en la roca para sí mismo. Hizo rodar una gran piedra hasta la entrada del sepulcro y se retiró. Estaban ahí María Magdalena y la otra María, sentadas frente al sepulcro.

Tomen un pelotón de soldados, vayan y aseguren el sepulcro como quieran

Al otro día, el siguiente de la preparación de la Pascua, los sumos sacerdotes y los fariseos se reunieron ante Pilato y le dijeron: "Señor, nos hemos acordado de que ese impostor, estando aún en vida, dijo: 'A los tres días resucitaré'. Manda, pues, asegurar el sepulcro hasta el tercer día; no sea que vengan sus discípulos, lo roben y digan luego al pueblo: 'Resucitó de entre los muertos', porque esta última impostura sería peor que la primera". Pilato les dijo: "Tomen un pelotón de soldados, vayan y aseguren el sepulcro como ustedes quieran". Ellos fueron y aseguraron el sepulcro, poniendo un sello sobre la puerta y dejaron ahí la guardia.

Palabra del Señor.   *R. Gloria a ti, Señor Jesús.*

Para ayudar a Jesús

Hay muchas cosas que causan pesar a las personas. Una de ellas es que les roben sus cosas. Por eso, para ayudar a que haya algo menos que las ponga tristes, voy a proponerme NUNCA robarle a nadie. Es más, para ayudar a que se respete lo que es de cada uno, en la escuela voy a entregar las chamarras, los cuadernos, el celular o la mochila que esté tirada para que la pueda recuperar su dueño.

Acuérdate de practicar siempre el:

● **¡Lo mío es mío y lo tuyo es tuyo!**

PARA PROBAR TU INTELIGENCIA

El dolor es parte de la vida, como lo es el hambre, el cansancio, la risa... Hay quienes usan el dolor para estar más unidos y apoyarse; hay quien usa el dolor para humillar y destruir a los demás.

En los siguientes casos pon una (**V**) cuando el dolor es vivido para estar más unidos y una (**X**), cuando sea usado para lastimar y destruir a los demás. Puedes pedirles a tus papás o maestros que te ayuden a resolver este reto a tu inteligencia.

● (   ) cuando a un niño enfermo de leucemia (cáncer en la sangre) le inyectan medicinas para curarlo, aunque la medicina lo haga sentirse muuuy mal e incluso que se le caiga el pelo.

● (   ) cuando a los papás de los niños centroamericanos que pasan por México hacia Estados Unidos para trabajar de braceros, los narcotraficantes y los policías mexicanos los asaltan aprovechando que no se pueden quejar porque viajan como ilegales por México.

● (   ) cuando a un niño gordito y colorado le empezamos a decir "la toronja"

para burlarnos de su figura y su color y hacerlo llorar.

● (   ) cuando a una señora que se le va cayendo lo que compró en el mercado, le ayudamos a llevar sus bultos para que no se malluguen los jitomates y las frutas.

● (   ) cuando un amigo va a que le saquen sangre para que se la pongan a su amigo que sufrió un accidente y perdió mucha sangre.

Vio removida la piedra

■ **20 de abril** / Domingo de Pascua de la Resurrección del Señor / **Blanco**

1ª Lectura

A los Apóstoles les consta que Jesús resucitó después de que lo crucificaron pues han comido y bebido con él.

Del libro de los Hechos de los Apóstoles 10, 34. 37-43

En aquellos días, Pedro tomó la palabra y dijo: "Ya saben ustedes lo sucedido en toda Judea, que tuvo principio en Galilea, después del bautismo predicado por Juan: cómo Dios ungió con el poder del Espíritu Santo a Jesús de Nazaret, y cómo éste pasó haciendo el bien, sanando a todos los oprimidos por el diablo, porque Dios estaba con él.

Nosotros somos testigos de cuanto él hizo en Judea y en Jerusalén. Lo mataron colgándolo de la cruz, pero Dios lo resucitó al tercer día y concedió verlo, no a todo el pueblo, sino únicamente a los testigos que él, de antemano, había escogido: a nosotros, que hemos comido y bebido con él después de que resucitó de entre los muertos. Él nos mandó predicar al pueblo y dar testimonio de que Dios lo ha constituido juez de vivos y muertos. El testimonio de los profetas es unánime: que cuantos creen en él reciben, por su medio, el perdón de los pecados".

Palabra de Dios.
R. Te alabamos, Señor.

Del Salmo 117

R. Éste es el día del triunfo del
Señor. Aleluya.

Te damos gracias, Señor, porque
eres bueno, porque tu misericordia
es eterna. Diga la casa de Israel:
"Su misericordia es eterna". **R.**

La diestra del Señor es poderosa,
la diestra del Señor es nuestro
orgullo. No moriré, continuaré
viviendo para contar
lo que el Señor ha hecho. **R.**

La piedra que desecharon
los constructores, es ahora
la piedra angular. Esto es obra
de la mano del Señor,
es un milagro patente. **R.**

2ª Lectura

Tiren la antigua levadu-
ra, pues Cristo, nuestro
Cordero pascual, ha sido
inmolado.

De la primera carta del apóstol san Pablo a los corintios 5, 6-8

Hermanos: ¿No saben ustedes que un
poco de levadura hace fermentar toda
la masa? Tiren la antigua levadura,
para que sean ustedes una masa nueva,
ya que son pan sin levadura, pues Cristo,
nuestro cordero pascual, ha sido inmolado. Celebremos, pues, la fiesta de la
Pascua, no con la antigua levadura, que
es de vicio y maldad, sino con el pan sin
levadura, que es de sinceridad y verdad.

Palabra de Dios.
R. Te alabamos, Señor.

Para probar tu
INTELIGENCIA

¿Tú que crees? Pon una (**v**) si estás de acuerdo con lo que dice la
frase o una terrible (**X**) si estás en desacuerdo. Puedes hacerles
estas preguntas a tus papás para ver si coinciden y saber quién le
atinó.

( ) **Jesús no resucitó.** Como los faquires
de la India que por puro entrenamiento,
ya están acostumbrado a clavarse fierros
sin que les pase nada, a Jesús no le hicieron nada los clavos de las manos y los pies
ni la lanza que lo atravesó.

( ) Jesús realmente murió en la cruz.
Los azotes, la corona de espinas, los

golpes, cargar con la cruz, ser clavado y
levantado en ella... lo mataron. Cuando
el soldado ya no le quebró las piernas
como a los otros dos crucificados, sino que
le traspasó el corazón con la lanza, fue
porque vio que había muerto.

( ) Jesús, muerto en la cruz, resucitó sólo
para ver qué cara ponían los romanos y
los judíos que lo habían crucificado. **Para
él, la crucifixión y la resurrección sólo
fueron un juego.**

( ) La resurrección de Lázaro en
realidad fue sólo una reanimación que le
permitió vivir unos años más.

( ) **La resurrección de Jesús es mucho
más grande** pues no regresó a la vida
por unos años más, sino que ya vive para
siempre con la vida eterna de amor con
la que vive Dios.

( ) la resurrección de Jesús viene a
fortalecer su invitación a vivir como él,
haciendo el bien a las personas que Dios
pone en nuestro camino por la vida: a
nuestros papás, abuelitos, hermanos,
amigos... y a mucha gente más, para que
ellos hagan también lo mismo.

Evangelio

El domingo de resurrección, a san Juan le funciona el *chip* de que Jesús ha resucitado, como lo anunciaban las Escrituras, al ver el sepulcro vacío.

Del santo Evangelio según san Juan 20, 1-9

El primer día después del sábado, estando todavía oscuro, fue María Magdalena al sepulcro y vio removida la piedra que lo cerraba. Echó a correr, llegó a la casa donde estaban Simón Pedro y el otro discípulo, a quien Jesús amaba, y les dijo: "Se han llevado del sepulcro al Señor y no sabemos dónde lo habrán puesto".

Salieron Pedro y el otro discípulo camino del sepulcro. Los dos iban corriendo juntos, pero el otro discípulo corrió más aprisa que Pedro y llegó primero al sepulcro, e inclinándose, miró los lienzos puestos en el suelo, pero no entró. En eso llegó también Simón Pedro, que lo venía siguiendo, y entró en el sepulcro. Contempló los lienzos puestos en el suelo y el sudario, que había estado sobre la cabeza de Jesús, puesto no con los lienzos en el suelo, sino doblado en sitio aparte. Entonces entró también el otro discípulo, el que había llegado primero al sepulcro, y vio y creyó, porque hasta entonces no habían entendido las Escrituras, según las cuales Jesús debía resucitar de entre los muertos.

Palabra del Señor. R. Gloria a ti, Señor Jesús.

PARA PLATICAR CON DIOS

Hoy, Señor, quiero felicitarte por tu resurrección. De veras que eres increíble. ¡Lo que aguantaste de humillaciones, golpes, ofensas, burlas, agotamiento... y ni así el diablito te hizo odiar, ni maldecir, ni llenarte de resentimientos ni un segundo! Francamente pienso que nadie podría aguantar tanto. Y tú no sólo no hiciste berrinche o echaste un montón de maldiciones, sino que perdonaste y pediste por los que te atormentaban. Me siento mucho más apantallado que cuando el equipo de mi escuela consigue la olimpiada del conocimiento o nuestro equipo de fut le gana la medalla de oro de fut a Brasil, en las olimpiadas.

¡Jesús, tú eres el campeón de tooooooooooooooooodos los seres humanos!

PARA AYUDAR A JESÚS

La mera verdad está difícil que nunca nos enojemos, ni hagamos berrinches, ni que nunca pongamos cara como de gorila toreado. Pero sí hay dos cosas que podemos hacer para ayudar a Jesús a que haya menos violencia en nuestra vida:

1. Si nos enojamos y nos peleamos, decir: "Ahí muere, vamos a ver cómo nos ponemos de acuerdo para seguir jugando (o trabajando, o estudiando...)."

2. Pedirle a Jesús que nos ayude a ver cómo ponemos de acuerdo y que así nos dé la mano para no seguir en el pleito.

Y recordar, sobre todo si eres muuuuuy enojón(a) que: "Más moscas atrapa una gota de miel, que un barril de hiel".

"Aquí están mis manos;
acerca tu dedo"

■ **27 de abril** / 2º Domingo de Pascua o "de la Divina Misericordia" / **Blanco**

1ª Lectura

Al nacer la Iglesia, la gente se admiraba de ver que los cristianos vivían muy unidos y todo lo tenían en común.

Del libro de los Hechos de los Apóstoles 2, 42-47

En los primeros días de la Iglesia, todos los que habían sido bautizados eran constantes en escuchar la enseñanza de los apóstoles, en la comunión fraterna, en la fracción del pan y en las oraciones. Toda la gente estaba llena de asombro y de temor, al ver los milagros y prodigios que los apóstoles hacían en Jerusalén. Todos los creyentes vivían unidos y lo tenían todo en común. Los que eran dueños de bienes o propiedades los vendían, y el producto era distribuido entre todos, según las necesidades de cada uno. Diariamente se reunían en el templo, y en las casas partían el pan y comían juntos, con alegría y sencillez de corazón. Alababan a Dios y toda la gente los estimaba. Y el Señor aumentaba cada día el número de los que habían de salvarse.

Palabra de Dios. ***R. Te alabamos, Señor.***

Del Salmo 117

R. La misericordia del Señor es eterna. Aleluya.

Diga la casa de Israel:
"Su misericordia es eterna".
Diga la casa de Aarón:
"Su misericordia es eterna".
Digan los que temen al Señor: "Su misericordia es eterna". **R.**

Querían a empujones derribarme, pero Dios me ayudó. El Señor es mi fuerza y mi alegría, en el Señor está mi salvación. **R.**

La piedra que desecharon los constructores, es ahora la piedra angular. Esto es obra de la mano del Señor, es un milagro patente. Éste es el día del triunfo del Señor, día de júbilo y de gozo. **R.**

2ª Lectura

La resurrección de Cristo nos da la esperanza de una vida nueva que se hará definitiva cuando pasemos a las manos de Dios.

De la primera carta del apóstol san Pedro 1, 3-9

Bendito sea Dios, Padre de nuestro Señor Jesucristo, por su gran misericordia, porque al resucitar a Jesucristo de entre los muertos, nos concedió renacer a la esperanza de una vida nueva, que no puede corromperse ni mancharse y que él nos tiene reservada como herencia en el cielo. Porque ustedes tienen fe en Dios, él los protege con su poder, para que alcancen la salvación que les tiene preparada y que él revelará al final de los tiempos. Por esta razón, alégrense, aun cuando ahora tengan que sufrir un poco por adversidades de todas clases, a fin de que su fe, sometida a la prueba, sea hallada digna de alabanza, gloria y honor, el día de la manifestación de Cristo. Porque la fe de ustedes es más preciosa que el oro, y el oro se acrisola por el fuego. A Cristo Jesús no lo han visto y, sin embargo, lo aman; al creer en él ahora, sin verlo, se llenan de una alegría radiante e indescriptible, seguros de alcanzar la salvación de sus almas, que es la meta de la fe.

Palabra de Dios.
R. Te alabamos, Señor.

Evangelio

A santo Tomás se le quitó lo incrédulo cuando Jesús le pide que toque las heridas de los clavos y la de la lanza en su costado.

Del santo Evangelio según san Juan 20, 19-31

Al anochecer del día de la resurrección, estando cerradas las puertas de la casa donde se hallaban los discípulos, por miedo a los judíos, se presentó Jesús en medio de ellos y les dijo: "La paz esté con ustedes". Dicho esto, les mostró las manos y el costado. Cuando los discípulos vieron al Señor, se llenaron de alegría. De nuevo les dijo Jesús: "La paz esté con ustedes. Como el Padre me ha enviado, así también los envío yo". Después de decir esto, sopló sobre ellos y les dijo: "Reciban el Espíritu Santo. A los que les perdonen los pecados, les quedarán perdonados; y a los que no se los perdonen, les quedarán sin perdonar". Tomás, uno de los Doce, a quien llamaban el Gemelo, no estaba con ellos cuando vino Jesús, y los otros discípulos le decían: "Hemos visto al Señor". Pero él les contestó: "Si no veo en sus manos la señal de los clavos y si no meto mi dedo en los agujeros de los clavos y no meto mi mano en su costado, no creeré". Ocho días después, estaban reunidos los discípulos a puerta cerrada y Tomás estaba con ellos. Jesús se presentó de nuevo en medio de ellos y les dijo: "La paz esté con ustedes". Luego le dijo a Tomás: "Aquí están mis manos; acerca tu dedo. Trae acá tu mano, métela en mi costado y no sigas dudando, sino cree". Tomás le respondió: "¡Señor mío y Dios mío!" Jesús añadió: "Tú crees porque me has visto; dichosos los que creen sin haber visto". Otros muchos signos hizo Jesús en presencia de sus discípulos, pero no están escritos en este libro. Se escribieron éstos para que ustedes crean que Jesús es el Mesías, el Hijo de Dios, y para que, creyendo, tengan vida en su nombre.

Palabra del Señor.
R. Gloria a ti, Señor Jesús.

PARA PROBAR TU INTELIGENCIA

Una cosa destaca en este relato del encuentro entre Jesús resucitado y el incrédulo santo Tomás. A ver qué tan buzo(a) eres para pescarla. Pon una (**V**) en la respuesta buena:

(   ) Jesús saca su tarjeta del IFE para que santo Tomás vea que es él y crea.

(   ) Jesús se pone a multiplicar panes y pescados a montones hasta que santo Tomás se convence que de veras es él.

(   ) le muestra algo que no deja duda de que es él: las llagas de los clavos y la herida de la lanza en el costado.

(   ) Jesús se juega una cascarita de fut con santo Tomás y le gana para que vea que sí es él.

"¿De qué cosas vienen hablando...?"

■ **4 de mayo** / 3er Domingo de Pascua / **Blanco**

1ª Lectura

El día de Pentecostés san Pedro proclama que los Apóstoles son testigos de que Jesús ha resucitado como lo profetizara el Rey David.

Del libro de los Hechos de los Apóstoles 2, 14. 22-33

El día de Pentecostés, se presentó Pedro, junto con los Once, ante la multitud, y levantando la voz, dijo: "Israelitas, escúchenme. Jesús de Nazaret fue un hombre acreditado por Dios ante ustedes, mediante los milagros, prodigios y señales que Dios realizó por medio de él y que ustedes bien conocen. Conforme al plan previsto y sancionado por Dios, Jesús fue entregado, y ustedes utilizaron a los paganos para clavarlo en la cruz. Pero Dios lo resucitó, rompiendo las ataduras de la muerte, ya que no era posible que la muerte lo retuviera bajo su dominio. En efecto, David dice, refiriéndose a él: *Yo veía constantemente al Señor delante de mí, puesto que él está a mi lado para que yo no tropiece. Por eso se alegra mi corazón y mi lengua se alboroza; por eso también mi cuerpo vivirá en la esperanza, porque tú, Señor, no me abandonarás a la muerte, ni dejarás que tu santo sufra la corrupción. Me has enseñado el sendero de la vida y me saciarás de gozo en tu presencia.* Hermanos, que me sea permitido hablarles con toda claridad. El patriarca David murió y lo enterraron, y su sepulcro se conserva entre nosotros hasta el día de hoy. Pero como era profeta y sabía que Dios le había prometido con juramento que un descendiente suyo ocuparía su trono, con visión profética habló de la resurrección de Cristo, el cual no fue abandonado a la muerte ni sufrió la corrupción.

Pues bien, a este Jesús Dios lo resucitó, y de ello todos nosotros somos testigos. Llevado a los cielos por el poder de Dios, recibió del Padre el Espíritu Santo prometido a él y lo ha comunicado, como ustedes lo están viendo y oyendo".

Palabra de Dios.   *R. Te alabamos, Señor.*

Del Salmo 15

R. Enséñanos, Señor, el camino de la vida. Aleluya.

Protégeme, Dios mío, pues eres mi refugio. Yo siempre he dicho que tú eres mi Señor. El Señor es la parte que me ha tocado en herencia: mi vida está en sus manos. **R.**

Bendeciré al Señor, que me aconseja, hasta de noche me instruye internamente. Tengo siempre presente al Señor y con él a mi lado, jamás tropezaré. **R.**

Por eso se me alegran el corazón y el alma y mi cuerpo vivirá tranquilo, porque tú no me abandonarás a la muerte ni dejarás que sufra yo la corrupción. **R.**

Enséñame el camino de la vida, sáciame de gozo en tu presencia y de alegría perpetua junto a ti. **R.**

2ª Lectura

Vivamos agradecidos con Jesús que nos ha sacado de la malísima onda del egoísmo, a costa de su sangre.

De la primera carta del apóstol san Pedro 1, 17-21

Hermanos: Puesto que ustedes llaman Padre a Dios, que juzga imparcialmente la conducta de cada uno según sus obras, vivan siempre con temor filial durante su peregrinar por la tierra. Bien saben ustedes que de su estéril manera de vivir, heredada de sus padres, los ha rescatado Dios, no con bienes efímeros, como el oro y la plata, sino con la sangre preciosa de Cristo, el cordero sin defecto ni mancha, al cual Dios había elegido desde antes de la creación del mundo y, por amor a ustedes, lo ha manifestado en estos tiempos, que son los últimos. Por Cristo, ustedes creen en Dios, quien lo resucitó de entre los muertos y lo llenó de gloria, a fin de que la fe de ustedes sea también esperanza en Dios.

Palabra de Dios.
R. Te alabamos, Señor.

Evangelio

Dos licenciados, van tristeando a Emaús cuando Jesús se les une y ¡sóooopas! lo reconocieron al partir el pan.

Del santo Evangelio según san Lucas 24, 13-35

El mismo día de la resurrección, iban dos de los discípulos hacia un pueblo llamado Emaús, situado a unos once kilómetros de Jerusalén, y comentaban todo lo que había sucedido. Mientras conversaban y discutían, Jesús se les acercó y comenzó a caminar con ellos; pero los ojos de los dos discípulos estaban velados y no lo reconocieron. Él les preguntó: "¿De qué cosas vienen hablando, tan llenos de tristeza?". Uno de ellos, llamado Cleofás, le respondió: "¿Eres tú el único forastero que no sabe lo que ha sucedido estos días en Jerusalén?" Él les preguntó: "¿Qué cosa?" Ellos le respondieron: "Lo de Jesús el nazareno, que era un profeta poderoso en obras y palabras, ante Dios y ante todo el pueblo. Cómo los sumos sacerdotes y nuestros jefes lo entregaron para que lo condenaran a muerte, y lo crucificaron. Nosotros esperábamos que él sería el libertador de Israel, y sin embargo, han pasado ya tres días desde que estas cosas sucedieron. Es cierto que algunas mujeres de nuestro grupo nos han desconcertado, pues fueron de madrugada al sepulcro, no encontraron el cuerpo y llegaron contando que se les habían aparecido unos ángeles, que les dijeron que estaba vivo. Algunos de nuestros compañeros fueron al sepulcro y hallaron todo como habían dicho las mujeres, pero a él no lo vieron".

Entonces Jesús les dijo: "¡Qué insensatos son ustedes y qué duros de corazón para creer todo lo anunciado por los profetas! ¿Acaso no era necesario que el Mesías padeciera todo esto y así entrara en su gloria?" Y comenzando por Moisés y siguiendo con todos los profetas, les explicó todos los pasajes de la Escritura que se referían a él.

Ya cerca del pueblo a donde se dirigían, él hizo como que iba más lejos; pero ellos le insistieron, diciendo: "Quédate con nosotros, porque ya es tarde y pronto va a oscurecer". Y entró para quedarse con ellos. Cuando estaban a la mesa, tomó un pan, pronunció la bendición, lo partió y se lo dio. Entonces se les abrieron los ojos y lo reconocieron, pero él se les desapareció. Y ellos se decían el uno al otro: "¡Con razón nuestro corazón ardía, mientras nos hablaba por el camino y nos explicaba las Escrituras!" Se levantaron inmediatamente y regresaron a Jerusalén, donde encontraron reunidos a los Once con sus compañeros, los cuales les dijeron: "De veras ha resucitado el Señor y se le ha aparecido a Simón". Entonces ellos contaron lo que les había pasado en el camino y cómo lo habían reconocido al partir el pan.

Palabra del Señor.   *R. Gloria a ti, Señor Jesús.*

PARA PROBAR TU INTELIGENCIA

A ver qué tan Listísimo(a) eres:

Los discípulos que iban a Emaús reconocieron a Jesús:

( ) porque traía autografiada la playera con su nombre, por el Chicharito Hernández.

( ) cuando sus ojos pudieron ver el rostro de Jesús.

( ) cuando Jesús les enseñó su credencial del IFE.

( ) ese pan que comieron les supo a maná, como el pan que Dios les daba a los Israelitas cuando Moisés los sacó de Egipto.

Que a Jesús lo hayan reconocido los discípulos de Emaús al partir el pan es porque:

( ) les recordó cómo lo hizo en la Última Cena, antes de morir en la cruz.

( ) fue lo que hizo Jesús cuando aceptó convertir las piedras en pan cuando lo tentó el diablito.

( ) les recordó cuando trabajaban junto con Jesús en la panadería de san José.

( ) al partir Jesús el pan.

Para ayudar a Jesús

¿Por qué no haces un pacto con Jesús? ¿Por qué no le propones recibirlo cada vez que vayas a misa? Si ya hiciste la Primera Comunión, lo puedes recibir en la Eucaristía. Si no la has hecho, puedes hacer una comunión espiritual: decirle en tu corazón que lo recibes espiritualmente y pedirle que te ayude para que pronto puedas comulgar y recibirlo en el pan de la Eucaristía.

Yo les aseguro que yo soy
la puerta de las ovejas

■ **11 de mayo** / 4º Domingo de Pascua / **Blanco**

1ª Lectura

San Pedro les dice a los licenciados judíos de Jerusalén que se arrepientan de sus maldades y se bauticen para recibir al Espíritu Santo.

Del libro de los Hechos de los Apóstoles 2, 14. 36-41

El día de Pentecostés, se presentó Pedro, junto con los Once, ante la multitud, y levantando la voz, dijo: "Sepa todo Israel con absoluta certeza, que Dios ha constituido Señor y Mesías al mismo Jesús, a quien ustedes han crucificado".

Estas palabras les llegaron al corazón y preguntaron a Pedro y a los demás apóstoles: "¿Qué tenemos que hacer, hermanos?" Pedro les contestó: "Conviértanse y bautícense en el nombre de Jesucristo para el perdón de sus pecados y recibirán el Espíritu Santo. Porque las promesas de Dios valen para ustedes y para sus hijos y también para todos los paganos que el Señor, Dios nuestro, quiera llamar, aunque estén lejos". Con éstas y otras muchas razones, los instaba y exhortaba, diciéndoles: "Pónganse a salvo de este mundo corrompido". Los que aceptaron sus palabras se bautizaron, y aquel día se les agregaron unas tres mil personas.

Palabra de Dios.
R. Te alabamos, Señor.

Del Salmo 22

R. El Señor es mi pastor, nada me faltará. Aleluya.

El Señor es mi pastor, nada me falta; en verdes praderas me hace reposar y hacia fuentes tranquilas me conduce para reparar mis fuerzas. **R.**

Por ser un Dios fiel a sus promesas, me guía por el sendero recto; así, aunque camine por cañadas oscuras, nada temo, porque tú estás conmigo, tu vara y tu cayado me dan seguridad. **R.**

Tú mismo me preparas la mesa, a despecho de mis adversarios; me unges la cabeza con perfume y llenas mi copa hasta los bordes. **R.**

Tu bondad y tu misericordia me acompañarán todos los días de mi vida; y viviré en la casa del Señor por años sin término. **R.**

2ª Lectura

Hay que echarle valor cuando nos lleguen los porrazos por actuar bien, como Jesús en la cruz.

De la primera carta del apóstol san Pedro 2, 20-25

Hermanos: Soportar con paciencia los sufrimientos que les vienen a ustedes por hacer el bien, es cosa agradable a los ojos de Dios, pues a esto han sido llamados, ya que también Cristo sufrió por ustedes y les dejó así un ejemplo para que sigan sus huellas. Él no cometió pecado ni hubo engaño en su boca; insultado, no devolvió los insultos; maltratado, no profería amenazas, sino que encomendaba su causa al único que juzga con justicia; cargado con nuestros pecados, subió al madero de la cruz, para que, muertos al pecado, vivamos para la justicia. Por sus llagas ustedes han sido curados, porque ustedes eran como ovejas descarriadas, pero ahora han vuelto al pastor y guardián de sus vidas.

Palabra de Dios.
R. Te alabamos, Señor.

Para probar tu INTELIGENCIA

Esto ya es para mentes muuuuy poderosas. Tienes que identificar qué tipo de sufrimiento le corresponde a cada afirmación.

1. El sufrimiento natural, el que pasa porque nuestra naturaleza es frágil, se enferma, se accidenta, etcétera.

2. El sufrimiento maligno es aquel que lo convertimos en destructivo nosotros por nuestro egoísmo.

El sufrimiento humanitario es aquel que lo convertimos en positivo porque nos unimos para enfrentarlo.

( ) darle una patada a un jugador contrario que es muy bueno, para lastimarlo y que no siga en el juego.

( ) dejarme poner una vacuna aunque me duela, porque es para proteger mi salud.

( ) enfermarse la abuelita de tan viejita.

( ) robarle el celular a un compañero porque me gustaron los juegos que tenía en él.

( ) romperse uno la pierna por una caída de la bicicleta.

( ) empujar a otro niño para que se caiga de la bicicleta y que se rompa la pierna.

( ) desvelarse la mamá por cuidar a su niño enfermo.

Checa tus respuestas con tus papás o tu catequista para ver si sacaste 10 o andas ¡¡¡¡pélas!!!!!

Evangelio

Jesús es el buen pastor de nosotros, sus ovejas. Es la puerta del redil que nos da la entrada para cuidarnos y dejar fuera a los malvados ladrones de ovejas.

Del santo Evangelio según san Juan 10, 1-10

En aquel tiempo, Jesús dijo a los fariseos: "Yo les aseguro que el que no entra por la puerta del redil de las ovejas, sino que salta por otro lado, es un ladrón, un bandido; pero el que entra por la puerta, ése es el pastor de las ovejas. A ése le abre el que cuida la puerta, y las ovejas reconocen su voz; él llama a cada una por su nombre y las conduce afuera. Y cuando ha sacado a todas sus ovejas, camina delante de ellas, y ellas lo siguen, porque conocen su voz. Pero a un extraño no lo seguirán, sino que huirán de él, porque no conocen la voz de los extraños". Jesús les puso esta comparación, pero ellos no entendieron lo que les quería decir. Por eso añadió: "Les aseguro que yo soy la puerta de las ovejas. Todos los que han venido antes que yo, son ladrones y bandidos; pero mis ovejas no los han escuchado. Yo soy la puerta; quien entre por mí se salvará, podrá entrar y salir y encontrará pastos. El ladrón sólo viene a robar, a matar y a destruir. Yo he venido para que tengan vida y la tengan en abundancia".

Palabra del Señor.   *R. Gloria a ti, Señor Jesús.*

PARA AYUDAR A JESÚS

Hoy está bien fácil saber cómo ayudar a Jesús como pastor que cuida de sus ovejas. Lo difícil es llevarlo a la práctica.

● Para ayudar a Jesús proponte nuuuuuuuuuunca abusar de alguien que sea más débil que tú.

● No empujes a los chiquitos para que se caigan y se lastimen, ni les quites su dinero o sus útiles o su comida o sus juguetes nada más porque no te pueden hacer nada.

● Igualmente nunca inventes chismes para que castiguen a otro, diciendo que dijo malas palabras o que robó o cualquier otra mentirota.

Sé un poquito como Jesús que cuida de sus ovejas, sobre todo de las más débiles.

PARA PLATICAR CON DIOS

Hoy quiero agradecerte, Jesús, que seas ese buen pastor que me cuida donde quiera que vaya y te preocupes por mí. Tengo que confesarte algo que me apena. A ratos soy yo el que me descuido y dejo entrar a los lobos en mi vida. Los lobos de los berrinches, los lobos de los pleitos, los lobos del *bullying* para burlarme del niño del que todos se burlan... A ratos también me dan ganas de dejar entrar en mi vida a otros lobos como los lobos de la envidia y al más enorme de todos los lobos: el de sentirme superior a todos y despreciarlos. Te cuento esto con pena, pero con mucha confianza porque sé que me quieres ayudar para defenderme de tanto lobo.

¡Ah! Y esto que te pido, también te lo encomiendo para muchos de mis compañeros y hermanos, porque luego nos endemoniamos con tanto lobo, nos peleamos, nos regañan y salimos hasta chillando.

Yo soy el camino,
la verdad y la vida

1ª Lectura

Los Apóstoles eligieron a siete licenciados llenos del Espíritu Santo para que los ayudaran en el servicio de la comunidad.

Del libro de los Hechos de los Apóstoles 6, 1-7

En aquellos días, como aumentaba mucho el número de los discípulos, hubo ciertas quejas de los judíos griegos contra los hebreos, de que no se atendía bien a sus viudas en el servicio de caridad de todos los días. Los Doce convocaron entonces a la multitud de los discípulos y les dijeron: "No es justo que, dejando el ministerio de la palabra de Dios, nos dediquemos a administrar los bienes. Escojan entre ustedes a siete hombres de buena reputación, llenos del Espíritu Santo y de sabiduría, a los cuales encargaremos este servicio. Nosotros nos dedicaremos a la oración y al servicio de la palabra". Todos estuvieron de acuerdo y eligieron a Esteban, hombre lleno de fe y del Espíritu Santo, a Felipe, Prócoro, Nicanor, Timón, Pármenas y Nicolás, prosélito de Antioquía. Se los presentaron a los apóstoles y éstos, después de haber orado, les impusieron las manos. Mientras tanto, la palabra de Dios iba cundiendo. En Jerusalén se multiplicaba grandemente el número de los discípulos. Incluso un grupo numeroso de sacerdotes había aceptado la fe.

Palabra de Dios.   *R. Te alabamos, Señor.*

Del Salmo 32

R. El Señor cuida de aquellos que lo temen. Aleluya.

Que los justos
aclamen al Señor;
es propio de los justos
alabarlo. Demos gracias
a Dios al son del arpa,
que la lira acompañe
nuestros cantos. **R.**

Sincera es la palabra del
Señor y todas sus acciones
son leales. Él ama la justicia
y el derecho, la tierra llena
está de sus bondades. **R.**

Cuida el Señor
de aquellos que lo temen
y en su bondad confían;
los salva de la muerte
y en épocas de hambre
les da vida **R.**

Somos como las piedras cimentadas sobre Jesús que formamos el templo vivo de Dios.

De la primera carta del apóstol san Pedro 2, 4-9

Hermanos: Acérquense al Señor Jesús, la piedra viva, rechazada por los hombres, pero escogida y preciosa a los ojos de Dios; porque ustedes también son piedras vivas, que van entrando en la edificación del templo espiritual, para formar un sacerdocio santo, destinado a ofrecer sacrificios espirituales, agradables a Dios, por medio de Jesucristo. Tengan presente que está escrito: *He aquí que pongo en Sión una piedra angular, escogida y preciosa; el que crea en ella no quedará defraudado*. Dichosos, pues, ustedes, los que han creído. En cambio, para aquellos que se negaron a creer, vale lo que dice la Escritura: *La piedra que rechazaron los constructores ha llegado a ser la piedra angular, y también tropiezo y roca de escándalo*. Tropiezan en ella los que no creen en la palabra, y en esto se cumple un designio de Dios. Ustedes, por el contrario, son *estirpe elegida, sacerdocio real, nación consagrada a Dios y pueblo de su propiedad*, para que proclamen las obras maravillosas de aquel que los llamó de las tinieblas a su luz admirable.

Palabra de Dios.   *R. Te alabamos, Señor.*

Evangelio

Jesús, con su ejemplo y su cariño, es el camino, la verdad y la vida para nosotros.

Del santo Evangelio según san Juan 14, 1-12

En aquel tiempo, Jesús dijo a sus discípulos: "No pierdan la paz. Si creen en Dios, crean también en mí. En la casa de mi Padre hay muchas habitaciones. Si no fuera así, yo se lo habría dicho a ustedes, porque ahora voy a prepararles un lugar.

Cuando me haya ido y les haya preparado un lugar, volveré y los llevaré conmigo, para que donde yo esté, estén también ustedes. Y ya saben el camino para llegar al lugar a donde voy". Entonces Tomás le dijo: "Señor, no sabemos a dónde vas, ¿cómo podemos saber el camino?" Jesús le respondió: "Yo soy el camino, la verdad y la vida.

Nadie va al Padre si no es por mí. Si ustedes me conocen a mí, conocen también a mi Padre. Ya desde ahora lo conocen y lo han visto". Le dijo Felipe: "Señor, muéstranos al Padre y eso nos basta". Jesús le replicó: "Felipe, tanto tiempo hace que estoy con ustedes, ¿y todavía no me conoces? Quien me ve a mí, ve al Padre. ¿Entonces por qué dices: 'Muéstranos al Padre'? ¿O no crees que yo estoy en el Padre y que el Padre está en mí? Las palabras que yo les digo, no las digo por mi propia cuenta. Es el Padre, que permanece en mí, quien hace las obras. Créanme: yo estoy en el Padre y el Padre está en mí. Si no me dan fe a mí, créanlo por las obras. Yo les aseguro: el que crea en mí, hará las obras que hago yo y las hará aun mayores, porque yo me voy al Padre".

Palabra del Señor.
R. Gloria a ti, Señor Jesús.

PARA PROBAR TU INTELIGENCIA

Estamos al final de la Pascua y se acerca la fiesta de la Ascensión ("subir hasta donde está Dios Padre") y de Pentecostés ("cincuenta días después de la resurrección de Jesús" o Fiesta del envío del Espíritu Santo). ¿Cuáles problemas quiere resolver Jesús?

Vamos a verlo por las lecturas de este domingo:

Tú eres el juez. Pon una palomita en la respuesta adecuada. Si crees que te está fallando la puntería, no esperes a consultarlo con tu almohada, sino que pide auxilio a tu mamita, a tu papito o a tu abue.

Primera lectura: la de los Hechos de los Apóstoles

• Los Apóstoles están preocupados por:

(   ) organizar el servicio de la comunidad y para eso escogen a 7 licenciados buenas ondas (llenos del Espíritu Santo).

(   ) poner regaderas para que los niños se bañen al final del recreo y evitar así que los salones de clase huelan a león sudado.

conclusión: Antes de irse, Jesús está preocupado por:

(   ) que se viva el espíritu de servicio dentro de la Iglesia.

(   ) los leones sudados.

Segunda lectura: la primera carta de san Pedro

• San Pedro quiere que:

(   ) los niños no se apedreen porque luego se descalabran.

(   ) tengamos nuestra firmeza en Cristo como las piedras de un templo se afirman sobre la roca del centro.

conclusión: Antes de irse, Jesús está preocupado por:

(   ) que tengamos nuestra firmeza en él y su forma de vivir construyendo la vida viendo unos por otros.

(   ) tanto niño enamorado que llena el colegio de corazones pintados.

Evangelio: según san Juan.

• Jesús explica que:

(   ) los niños no deben andar de vagos porque luego no saben regresar a su casa.

(   ) haciendo el bien, como él lo hizo, es el camino que de veras nos da la auténtica vida de hijos de Dios.

(   ) los niños que no estudian bien geografía luego no saben ni cómo ir de su salón al baño.

conclusión: Antes de irse, Jesús está preocupado por:

(   ) los niños que se pierden por andar de vagos.

(   ) quiere que su ejemplo y sus palabras nos guíen como caminos que nos llevan de verdad a la vida de amor de su Padre.

(   ) tanto niño que no encuentra ni el baño por no saber geografía.

Si me aman, cumplirán mis Mandamientos

■ 25 de mayo · 6° Domingo de Pascua / Blanco

1ª Lectura

Les impusieron las manos y recibieron el Espíritu Santo.

Del libro de los Hechos de los Apóstoles 8, 5-8. 14-17

En aquellos días, Felipe bajó a la ciudad de Samaria y predicaba allí a Cristo. La multitud escuchaba con atención lo que decía Felipe, porque habían oído hablar de los milagros que hacía y los estaban viendo: de muchos poseídos salían los espíritus inmundos, lanzando gritos, y muchos paralíticos y lisiados quedaban curados.

Esto despertó gran alegría en aquella ciudad. Cuando los apóstoles que estaban en Jerusalén se enteraron de que Samaria había recibido la palabra de Dios, enviaron allá a Pedro y a Juan. Éstos, al llegar, oraron por los que se habían convertido, para que recibieran el Espíritu Santo, porque aún no lo habían recibido y solamente habían sido bautizados en el nombre del Señor Jesús. Entonces Pedro y Juan impusieron las manos sobre ellos, y ellos recibieron el Espíritu Santo.

Palabra de Dios. R. Te alabamos, Señor.

Del Salmo 65

R. Las obras del Señor son admirables. Aleluya.

Que aclame al Señor toda la tierra. Celebremos su gloria y su poder, cantemos un himno de alabanza, digamos al Señor: "Tu obra es admirable". **R.**

Que se postre ante ti la tierra entera y celebre con cánticos tu nombre. Admiremos las obras del Señor, los prodigios que ha hecho por los hombres. **R.**

Él transformó el Mar Rojo en tierra firme y los hizo cruzar el Jordán a pie enjuto. Llenémonos por eso de gozo y gratitud: el Señor es eterno y poderoso. **R.**

Cuantos temen a Dios, vengan y escuchen, y les diré lo que ha hecho por mí. Bendito sea Dios, que no rechazó mi súplica, ni me retiró su gracia. **R.**

Que nos reconozcan como cristianos que seguimos a Jesús, por nuestras palabras y manera de actuar sencilla y respetuosa.

De la primera carta del apóstol san Pedro 3, 15-18

Hermanos: Veneren en sus corazones a Cristo, el Señor, dispuestos siempre a dar, al que las pidiere, las razones de la esperanza de ustedes. Pero háganlo con sencillez y respeto y estando en paz con su conciencia. Así quedarán avergonzados los que denigran la conducta cristiana de ustedes, pues mejor es padecer haciendo el bien, si tal es la voluntad de Dios, que padecer haciendo el mal. Porque también Cristo murió, una sola vez y para siempre, por los pecados de los hombres; él, el justo, por nosotros, los injustos, para llevarnos a Dios; murió en su cuerpo y resucitó glorificado.

Palabra de Dios.
R. Te alabamos, Señor.

Evangelio

Jesús anuncia que enviará al Espíritu Santo para no dejarnos desprotegidos al irse a estar con Dios Padre.

Del santo Evangelio según san Juan 14, 15-21

En aquel tiempo, Jesús dijo a sus discípulos: "Si me aman, cumplirán mis mandamientos; yo le rogaré al Padre y él les dará otro Paráclito para que esté siempre con ustedes, el Espíritu de la verdad. El mundo no puede recibirlo, porque no lo ve ni lo conoce; ustedes, en cambio, sí lo conocen, porque habita entre ustedes y estará en ustedes. No los dejaré desamparados, sino que volveré a ustedes. Dentro de poco, el mundo no me verá más, pero ustedes sí me verán, porque yo permanezco vivo y ustedes también vivirán. En aquel día entenderán que yo estoy en mi Padre, ustedes en mí y yo en ustedes. El que acepta mis mandamientos y los cumple, ése me ama. Al que me ama a mí, lo amará mi Padre, yo también lo amaré y me manifestaré a él".

Palabra del Señor.
R. Gloria a ti, Señor Jesús.

PARA PROBAR TU INTELIGENCIA

Habrás oído hablar de "lobos vestidos con piel de oveja". Los lobos en realidad siempre andan con su piel de lobos, pero los diablitos sí que se disfrazan para hacernos caer en sus maldades. Reconocemos cuándo nos tienta un diablito porque nos invita a ser flojos o berrinchudos o malas ondas. Mientras que el Buen Espíritu nos mueve a colaborar, a llevarla tranquilos, o ser buenas ondas.

Une con una línea a la D de Diablito, cuando un sentimiento veas que viene del Mal Espíritu. Y una A de Ángel, cuando veas que viene del Buen Espíritu.

* En la mañana, me enojé tanto porque mi mamá no me dejó llevarme mi nuevo celular al colegio que sentí ganas de hacerle una huelga de hambre y dejar mi desayuno.

* Vi tan triste a mi amigo Paco porque se le voló su balón y lo perdió que me propuse hacer muy bien mi tarea para que me dejaran traer el mío y prestárselo y que los dos jugáramos.

* Me dio tanto coraje que mi amiga no me prestara su chango trapecista que me dieron ganas de rapárselo aunque me castigara la maestra.

* Hoy vi tan triste a mi mamá porque es el aniversario de la muerte de mi abue, que puse la mesa sin decirle nada para que viera que nosotros también la queremos.

Yo estoy con ustedes
todos los días...

■ **1 de junio** / La Ascensión del Señor / **Blanco**

1ª Lectura

Jesús les anuncia a los Apóstoles que vendrá el Espíritu Santo sobre ellos, y se fue elevando ante su vista.

Del libro de los Hechos de los Apóstoles 1, 1-11

En mi primer libro, querido Teófilo, escribí acerca de todo lo que Jesús hizo y enseñó, hasta el día en que ascendió al cielo, después de dar sus instrucciones, por medio del Espíritu Santo, a los apóstoles que había elegido. A ellos se les apareció después de la pasión, les dio numerosas pruebas de que estaba vivo y durante cuarenta días se dejó ver por ellos y les habló del Reino de Dios. Un día, estando con ellos a la mesa, les mandó: "No se alejen de Jerusalén. Aguarden aquí a que se cumpla la promesa de mi Padre, de la que ya les he hablado: Juan bautizó con agua; dentro de pocos días ustedes serán bautizados con el Espíritu Santo". Los ahí reunidos le preguntaban: "Señor, ¿ahora sí vas a restablecer la soberanía de Israel?" Jesús les contestó: "A ustedes no les toca conocer el tiempo y la hora que el Padre ha determinado con su autoridad; pero cuando el Espíritu Santo descienda sobre ustedes, los llenará de fortaleza y serán mis testigos en Jerusalén, en toda Judea, en Samaria y hasta los últimos rincones de la tierra". Dicho esto, se fue elevando a la vista de ellos, hasta que una nube lo ocultó a sus ojos. Mientras miraban fijamente al cielo, viéndolo alejarse, se les presentaron dos hombres vestidos de blanco, que les dijeron: "Galileos, ¿qué hacen allí parados, mirando al cielo? Ese mismo Jesús que los ha dejado para subir al cielo, volverá como lo han visto alejarse".

Palabra de Dios.
R. Te alabamos, Señor.

77

Del Salmo 46

R. Entre voces de júbilo, Dios asciende a su trono. Aleluya.

Aplaudan, pueblos todos; aclamen al Señor, de gozo llenos; que el Señor, el Altísimo, es terrible y de toda la tierra, rey supremo. R.

Entre voces de júbilo y trompetas, Dios, el Señor, asciende hasta su trono. Cantemos en honor de nuestro Dios, al rey honremos y cantemos todos. R.

Porque Dios es el rey del universo, cantemos el mejor de nuestros cantos. Reina Dios sobre todas las naciones desde su trono santo. R.

Jesús está en el mero corazón de Dios, esto es "sentado a la derecha de Dios" para hacerlo el centro de todo y hacerlo nuestra cabeza.

De la carta del apóstol san Pablo a los efesios 1, 17-23

Hermanos: Pido al Dios de nuestro Señor Jesucristo, el Padre de la gloria, que les conceda espíritu de sabiduría y de revelación para conocerlo. Le pido que les ilumine la mente para que comprendan cuál es la esperanza que les da su llamamiento, cuán gloriosa y rica es la herencia que Dios da a los que son suyos y cuál la extraordinaria grandeza de su poder para con nosotros, los que confiamos en él, por la eficacia de su fuerza poderosa. Con esta fuerza resucitó a Cristo de entre los muertos y lo hizo sentar a su derecha en el cielo, por encima de todos los ángeles, principados, potestades, virtudes y dominaciones, y por encima de cualquier persona, no sólo del mundo actual sino también del futuro. Todo lo puso bajo sus pies y a él mismo lo constituyó cabeza suprema de la Iglesia, que es su cuerpo, y la plenitud del que lo consuma todo en todo.

Palabra de Dios.   *R. Te alabamos, Señor.*

Evangelio

Jesús le encomienda a la Iglesia que una a Jesús a todos los seres humanos por el Bautismo.

Del santo Evangelio según san Mateo 28, 16-20

En aquel tiempo, los once discípulos se fueron a Galilea y subieron al monte en el que Jesús los había citado. Al ver a Jesús, se postraron, aunque algunos titubeaban. Entonces, Jesús se acercó a ellos y les dijo: "Me ha sido dado todo poder en el cielo y en la tierra. Vayan, pues, y hagan discípulos a todos los pueblos, bautizándolos en el nombre del Padre y del Hijo y del Espíritu Santo, y enseñándoles a cumplir todo cuanto yo les he mandado; y sepan que yo estoy con ustedes todos los días, hasta el fin del mundo".

Palabra del Señor.
R. Gloria a ti, Señor Jesús.

PARA AYUDAR A JESÚS

Señor, hoy me doy cuenta de que te vas porque has cumplido tu parte: nos has amado hasta el extremo de morir en la cruz para lograr que la violencia y la injusticia no nos hagan también injustos y violentos a nosotros. ¡Ah, pero falta nuestra parte! Que nosotros también triunfemos sobre lo malo que hay en nuestra vida: los enojos, los berrinches, los pleitos... **Por eso te pido que nos ayudes a hacer nuestra parte para que tu triunfo sea también nuestro triunfo.**

Reciban el Espíritu Santo

■ **8 de junio** / Domingo de Pentecostés /
Rojo

El domingo de Pentecostés, todos los discípulos de Jesús quedaron llenos del Espíritu Santo y empezaron a poder entenderse con todos los que los oían a pesar de venir de muchas partes.

Del libro de los Hechos de los Apóstoles 2, 1-11

El día de Pentecostés, todos los discípulos estaban reunidos en un mismo lugar. De repente se oyó un gran ruido que venía del cielo, como cuando sopla un viento fuerte, que resonó por toda la casa donde se encontraban. Entonces aparecieron lenguas de fuego, que se distribuyeron y se posaron sobre ellos; se llenaron todos del Espíritu Santo y empezaron a hablar en otros idiomas, según el Espíritu los inducía a expresarse. En esos días había en Jerusalén judíos devotos, venidos de todas partes del mundo. Al oír el ruido, acudieron en masa y quedaron desconcertados, porque cada uno los oía hablar en su propio idioma.

Atónitos y llenos de admiración, preguntaban: "¿No son galileos todos estos que están hablando? ¿Cómo, pues, los oímos hablar en nuestra lengua nativa? Entre nosotros hay medos, partos y elamitas; otros vivimos en Mesopotamia, Judea, Capadocia, en el Ponto y en Asia, en Frigia y en Panfilia, en Egipto o en la zona de Libia que limita con Cirene. Algunos somos visitantes, venidos de Roma, judíos y prosélitos; también hay cretenses y árabes. Y sin embargo, cada quien los oye hablar de las maravillas de Dios en su propia lengua".

Palabra de Dios.
R. Te alabamos, Señor.

79

Del Salmo 103

R. Envía, Señor, tu Espíritu a renovar la tierra. Aleluya.

Bendice al Señor, alma mía; Señor y Dios mío, inmensa es tu grandeza. ¡Qué numerosas son tus obras, Señor! La tierra llena está de tus creaturas. **R.**

Si retiras tu aliento, toda creatura muere y vuelve al polvo. Pero envías tu espíritu, que da vida, y renuevas el aspecto de la tierra. **R.**

Que Dios sea glorificado para siempre y se goce en sus creaturas. Ojalá que le agraden mis palabras y yo me alegraré en el Señor. **R.**

2ª Lectura

Hemos sido bautizados en un mismo Espíritu para formar un solo cuerpo.

De la primera carta del apóstol san Pablo a los corintios 12, 3-7. 12-13

Hermanos: Nadie puede llamar a Jesús "Señor", si no es bajo la acción del Espíritu Santo. Hay diferentes dones, pero el Espíritu es el mismo. Hay diferentes servicios, pero el Señor es el mismo. Hay diferentes actividades, pero Dios, que hace todo en todos, es el mismo. En cada uno se manifiesta el Espíritu para el bien común. Porque así como el cuerpo es uno y tiene muchos miembros y todos ellos, a pesar de ser muchos, forman un solo cuerpo, así también es Cristo. Porque todos nosotros, seamos judíos o no judíos, esclavos o libres, hemos sido bautizados en un mismo Espíritu para formar un solo cuerpo, y a todos se nos ha dado a beber del mismo Espíritu.
Palabra de Dios. R. Te alabamos, Señor.

Evangelio

Jesús nos da el Espíritu Santo para desatar a los atrapados por el pecado, como Dios Padre lo envió a él.

Del santo Evangelio según san Juan 20, 19-23

Al anochecer del día de la resurrección, estando cerradas las puertas de la casa donde se hallaban los discípulos, por miedo a los judíos, se presentó Jesús en medio de ellos y les dijo: "La paz esté con ustedes". Dicho esto, les mostró las manos y el costado. Cuando los discípulos vieron al Señor, se llenaron de alegría. De nuevo les dijo Jesús: "La paz esté con ustedes. Como el Padre me ha enviado, así también los envío yo". Después de decir esto, sopló sobre ellos y les dijo: "Reciban el Espíritu Santo. A los que les perdonen los pecados, les quedarán perdonados; y a los que no se los perdonen, les quedarán sin perdonar".

Palabra del Señor.   R. Gloria a ti, Señor Jesús.

La Torre de Babel

El libro del Génesis nos cuenta la historia de una torre: La Torre de Babel. Este cuentito dice que los seres humanos, sobrevivientes del diluvio de Noé, decidieron hacer, con ladrillos pegados con chapopote, una torre taaaaaaan alta que llegara hasta el mismo cielo, para hacerse muy, muy famosos, antes de irse a vivir por todos los rincones de la tierra. Al hacer una torre tan inmensa pensaban, llenos de soberbia, que no habría nadie que los pudiera detener, ni Dios mismo, si se proponían hacer incluso la mayor de las maldades. Para contener la soberbia de estos humanos, Dios baja desde el cielo a ver la ridícula torrecita que estaban construyendo. Y se puso a pensar: **"Si no los detengo, llegará el día que hagan algo ultra destructivo y quién sabe hasta dónde lleguen"**. Entonces hizo algo muy simple: los hizo que hablaran en lenguas muy diversas.

Ya no podrían entenderse para continuar su torre, ni organizarse para hacer algún invento terrible que acabara con todo.

Dios no mandó a su Hijo para condenar al mundo...

■ 15 de junio / La Santísima Trinidad / **Blanco**

1ª Lectura

Dios le dice a Moisés cómo es él: "Yo soy el Señor Dios, compasivo y clemente". Y Moisés se anima a invitarlo para que camine con los israelitas a pesar de que son medio calamitosos.

Del libro del Éxodo 34, 4-6. 8-9

En aquellos días, Moisés subió de madrugada al monte Sinaí, llevando en la mano las dos tablas de piedra, como le había mandado el Señor. El Señor descendió en una nube y se le hizo presente. Moisés pronunció entonces el nombre del Señor, y el Señor, pasando delante de él, proclamó: "Yo soy el Señor, el Señor Dios, compasivo y clemente, paciente, misericordioso y fiel". Al instante, Moisés se postró en tierra y lo adoró, diciendo: "Si de veras he hallado gracia a tus ojos, dígnate venir ahora con nosotros, aunque este pueblo sea de cabeza dura; perdona nuestras iniquidades y pecados, y tómanos como cosa tuya".

Palabra de Dios.
R. Te alabamos, Señor.

81

Daniel 3

R. Bendito seas
para siempre, Señor.

Bendito seas, Señor,
Dios de nuestros padres.
Bendito sea tu nombre
santo y glorioso. **R.**

Bendito seas en el templo
santo y glorioso. Bendito seas
en el trono de tu reino. **R.**

Bendito eres tú, Señor, que
penetras con tu mirada los
abismos y te sientas en un
trono rodeado de querubines.
Bendito seas, Señor, en la
bóveda del cielo. **R.**

2ª Lectura

San Pablo inventa la costumbre cristiana de dar el saludo de parte de las tres personas de la Santísima Trinidad: el Padre, el Hijo y el Espíritu Santo.

De la segunda carta del apóstol san Pablo a los corintios 13, 11-13

Hermanos: Estén alegres, trabajen por su perfección, anímense mutuamente, vivan en paz y armonía. Y el Dios del amor y de la paz estará con ustedes. Salúdense los unos a los otros con el saludo de paz. Los saludan todos los fieles. La gracia de nuestro Señor Jesucristo, el amor del Padre y la comunión del Espíritu Santo estén siempre con ustedes.

Palabra de Dios.   R. Te alabamos, Señor.

Evangelio

Dios no envió a su Hijo al mundo para decirle ¡¡Pelas!! sino para que el mundo se salvara por él.

Del santo Evangelio según san Juan 3, 16-18

"**T**anto amó Dios al mundo, que le entregó a su Hijo único, para que todo el que crea en él no perezca, sino que tenga vida eterna. Porque Dios no envió a su Hijo para condenar al mundo, sino para que el mundo se salvara por él. El que cree en él no será condenado; pero el que no cree ya está condenado, por no haber creído en el Hijo único de Dios".

Palabra del Señor.
R. Gloria a ti, Señor Jesús.

PARA PROBAR TU INTELIGENCIA

A nuestros hermanos cristianos griegos de los primeros siglos de la Iglesia les llevó un montón de discusiones descubrir que Dios es una familia (el Padre, el Hijo y el Espíritu Santo) tan unida que son un solo Dios. Para los griegos era muuuuy importante saber cómo era posible que Dios, sin dejar de ser Dios, se hiciera hombre en Jesús y nos integrara a esa familia mediante su fuerza de amor (el Espíritu Santo), para que también tooooodos los seres humanos nos viéramos como parte de esa familia.

Nosotros somos distintos. Si no, dímelo tú:

¿Qué nos cuesta más?

(   ) entender que Dios es una familia en la que hay tres personas (el Padre, el Hijo y el Espíritu Santo).

O (...) ser tan súper buenos como súper bueno es Dios.

¿Qué nos interesa más a nosotros?

(   ) que la gente vea que Jesús sigue siendo tan Dios en la eternidad de su Padre, como lo sigue siendo cuando está en la cruz compartiendo nuestra muerte.

O (...) que todo mundo, incluidos los calamitosos narcos, los chavos pandilleros, los drogos...¡vaya! hasta los que le van al América o al Real Madrid... tooooooodos pesquemos la manera de ser de Jesús.

...ustedes valen más
que todos los pájaros del mundo

■ **22 de junio** / 12º Domingo Ordinario / **Verde**

1ª Lectura

Por servir a Dios como profeta, a Jeremías le va muy mal. Pero sabe que Dios lo salvará de los malvados.

Del libro del profeta Jeremías 20, 10-13

En aquel tiempo, dijo Jeremías: "Yo oía el cuchicheo de la gente que decía: 'Denunciemos a Jeremías, denunciemos al profeta del terror'. Todos los que eran mis amigos espiaban mis pasos, esperaban que tropezara y me cayera, diciendo: 'Si se tropieza y se cae, lo venceremos y podremos vengarnos de él'. Pero el Señor, guerrero poderoso, está a mi lado; por eso mis perseguidores caerán por tierra y no podrán conmigo; quedarán avergonzados de su fracaso y su ignominia será eterna e inolvidable. Señor de los ejércitos, que pones a prueba al justo y conoces lo más profundo de los corazones, haz que yo vea tu venganza contra ellos, porque a ti he encomendado mi causa. Canten y alaben al Señor, porque él ha salvado la vida de su pobre de la mano de los malvados".

Palabra de Dios.
R. Te alabamos, Señor.

83

Del Salmo 68

R. Escúchame, Señor,
porque eres bueno.

Por ti he sufrido oprobios y
la vergüenza cubre mi semblante.
Extraño soy y advenedizo,
aun para aquellos de mi propia
sangre; pues me devora el celo
de tu casa, el odio del que te odia,
en mí recae. **R.**

A ti, Señor, elevo mi plegaria,
ven en mi ayuda pronto;
escúchame conforme a tu
clemencia, Dios fiel en el socorro.
Escúchame, Señor, pues eres
bueno y en tu ternura vuelve
a mí tus ojos. **R.**

Se alegrarán, al verlo, los que sufren;
quienes buscan a Dios tendrán
más ánimo, porque el Señor jamás
desoye al pobre ni olvida al que
se encuentra encadenado. Que lo
alaben por esto cielo y tierra, el mar
y cuanto en él habita. **R.**

2ª Lectura

**La maldad humana,
simbolizada por Adán,
metió la mala vibra en
nuestras vidas, pero el triunfo en el
amor de Jesús nos asegura vencerla.**

De la carta del apóstol san Pablo a los
romanos 5, 12-15

Hermanos: Así como por un solo
hombre entró el pecado en el mundo
y por el pecado entró la muerte, así
la muerte llegó a todos los hombres,
por cuanto todos pecaron. Antes de
la ley de Moisés ya había pecado en
el mundo y, si bien es cierto que el
pecado no se imputa cuando no hay
ley, sin embargo, la muerte reinó desde
Adán hasta Moisés aun sobre aquellos
que no pecaron con una transgresión
semejante a la de Adán, el cual es
figura del que había de venir. Ahora
bien, con el don no sucede como con
el delito, porque si por el delito de uno
solo murieron todos, ¡cuánto más la
gracia de Dios y el don otorgado por
la gracia de un solo hombre, Jesucristo,
se han desbordado sobre todos!

Palabra de Dios.
R. Te alabamos, Señor.

Evangelio

**No tengan miedo
a los que matan el
cuerpo.**

Del santo Evangelio se-
gún san Mateo 10, 26-33

En aquel tiempo, Jesús dijo a sus
apóstoles: "No teman a los hombres.
No hay nada oculto que no llegue a
descubrirse; no hay nada secreto que
no llegue a saberse. Lo que les digo de
noche, repítanlo en pleno día, y lo que les
digo al oído, pregónenlo desde las azo-
teas. No tengan miedo a los que matan
el cuerpo, pero no pueden matar el alma.
Teman, más bien, a quien puede arrojar
al lugar de castigo el alma y el cuerpo.
¿No es verdad que se venden dos pajari-
llos por una moneda? Sin embargo, ni uno
solo de ellos cae por tierra si no lo permite
el Padre. En cuanto a ustedes, hasta los
cabellos de su cabeza están contados.
Por lo tanto, no tengan miedo, porque
ustedes valen mucho más que todos los
pájaros del mundo. A quien me reconoz-
ca delante de los hombres, yo también lo
reconoceré ante mi Padre, que está en los
cielos; pero al que me niegue delante de
los hombres, yo también lo negaré ante
mi Padre, que está en los cielos".

Palabra del Señor.
R. Gloria a ti, Señor Jesús.

PARA AYUDAR A JESÚS

Para no dejarle a Jesús todo el problema
de fortalecer mi fe, voy a ver la vida de
san Francisco de Asís, quien tan tuvo toda
su confianza en Jesús que le regresó a su
papá tooooooodo lo que le había dado,
hasta la ropa, para vivir confiado plenamente en que Dios haría que nada le
faltara:

www.gloria.tv/?media=286772

Para platicar con Dios

Señor, quiero agradecerte que siempre estés al pendiente de nosotros. Quiero pedirte que aumentes nuestra fe. Porque mira, a ratos me siento como san Pedro cuando lo hiciste caminar sobre el agua. Por momentos ahí voy, muy valiente, en medio de los truenos y las olas. Pero, a ratos, me llega un problemita y iiiiiiiPelas!!!!!! Siento que me ahogo.

Dame tu mano. Sácame a flote. Dame la alegría de estar segurísimo de que siempre estás conmigo, sobre todo cuando más te necesito.

¡Ah! Y ayúdame siempre a responderte cuando me necesites.

PARA PROBAR TU INTELIGENCIA

¿Nuestro mundo es justo? ¿Qué opinas tú?

Califica si nuestro mundo es justo poniendo una (V) si es verdadero o una (X) si es falso lo que dice cada frase:

( ) sólo se enferman los niños desordenados que tienen en la basura todos sus libros. Los niños ordenados nuuuuunca se enferman.

( ) los niños que copian las tareas o se las hacen en su casa siempre sacan las peores calificaciones; los niños que hacen la tarea ellos mismos siempre sacan 10.

( ) los niños grandes nuuuuunca le dan un balonazo a los niños chiquitos; si alguno accidentalmente le pega a un chiquito con el balón, inmediatamente lo ayuda y le pide que lo disculpe.

( ) si un niño se roba una cosa, inmediatamente va a entregarla al maestro para que la entregue a su dueño. En mi colegio nunca se pierde nada, ni tampoco en los colegios de mis primos y amigos.

( ) ningún niño hace berrinche si sus papás no le compran el juguete o el helado que quiere. Yo nunca he visto llorar a ningún niño porque no le den lo que se le antoja.

En conclusión:

( ) en el mundo no hay robos, ni pleitos, ni accidentes y sólo se muere la gente de viejita.

( ) en la vida hay gente buena que respeta y ayuda a los demás, pero también hay personas que lastiman, hacen llorar a las personas, no respetan a los demás.

¿A qué se debe que las cosas no sean muy parejas?

( ) nomás porque sí. Ningún niño toma las cosas que no son suyas. Los celulares o los juguetes se salen solitos de la mochila de su dueño y nomás se van al bolsillo de otro niño.

( ) a que somos humanos y nos equivocamos, nos enfermamos, nos cansamos, no siempre estamos de buenas y no siempre nos salen bien las cosas.

( ) a que, junto con el bien, también existe el egoísmo en nuestros corazones. Y nos entra la tentación de robar, de ofender, de engañar...

¿Y Dios que hace?

( ) no se preocupa de lo que pasa. Él está muy por encima de nuestros problemas.

( ) por supuesto que está al pendiente de lo que vivimos. Él lo dijo: "Así como una mamá no se puede olvidar de su hijito, él no se puede olvidar de nosotros".

( ) le encanta que reguemos el tepache y seamos malos para castigarnos con guerras, tsunamis, políticos ladrones y corruptos, narcotraficantes y que el América sea campeón.

( ) no sólo no nos olvida sino que comparte el dolor de nuestro mundo violento e injusto en la muerte de su Hijo en la cruz, para ayudarnos a convertir el dolor en instrumento de redención.

85

Sobre esta piedra
edificaré mi Iglesia

■ **29 de junio** / Santos Pedro y Pablo, Apóstoles / **Rojo**

1ª Lectura

A san Pedro lo saca un ángel de la cárcel donde lo tenía el malvado Herodes, el que mataba y encarcelaba a los cristianos para caerle bien a los judíos.

Del libro de los Hechos de los Apóstoles 12, 1-11

En aquellos días, el rey Herodes mandó apresar a algunos miembros de la Iglesia para maltratarlos. Mandó pasar a cuchillo a Santiago, hermano de Juan, y viendo que eso agradaba a los judíos, también hizo apresar a Pedro. Esto sucedió durante los días de la fiesta de los panes Ázimos. Después de apresarlo, lo hizo encarcelar y lo puso bajo la vigilancia de cuatro turnos de guardia, de cuatro soldados cada turno. Su intención era hacerlo comparecer ante el pueblo después de la Pascua. Mientras Pedro estaba en la cárcel, la comunidad no cesaba de orar a Dios por él. La noche anterior al día en que Herodes iba a hacerlo comparecer ante el pueblo, Pedro estaba durmiendo entre dos soldados, atado con dos cadenas y los centinelas cuidaban la puerta de la prisión. De pronto apareció el ángel del Señor y el calabozo se llenó de luz. El ángel tocó a Pedro en el costado, lo despertó y le dijo: "Levántate pronto". Entonces las cadenas que le sujetaban las manos se le cayeron. El ángel le dijo: "Cíñete la túnica y ponte las sandalias", y Pedro obedeció. Después le dijo: "Ponte el manto y sígueme". Pedro salió detrás de él, sin saber si era verdad o no lo que el ángel hacía, y le parecía más bien que estaba soñando. Pasaron el primero y el segundo puesto de guardia y llegaron a la puerta de hierro que daba a la calle. La puerta se abrió sola delante de ellos. Salieron y caminaron hasta la esquina de la calle y de pronto el ángel desapareció. Entonces, Pedro se dio cuenta de lo que pasaba y dijo: "Ahora sí estoy seguro de que el Señor envió a su ángel para librarme de las manos de Herodes y de todo cuanto el pueblo judío esperaba que me hicieran".

Palabra de Dios.   *R. Te alabamos, Señor.*

Del Salmo 33

**R. El Señor me libró
de todos mis temores.**

Bendeciré al Señor a todas horas,
no cesará mi boca de alabarlo.
Yo me siento orgulloso del Señor,
que se alegre su pueblo
al escucharlo. **R.**

Proclamemos la grandeza
del Señor y alabemos todos juntos
su poder. Cuando acudí al Señor,
me hizo caso y me libró de todos
mi temores. **R.**

Confía en el Señor y saltarás de
gusto, jamás te sentirás
decepcionado, porque el Señor
escucha el clamor de los pobres y
los libra de todas sus angustias. **R.**

Junto a aquellos que temen al
Señor el ángel del Señor acampa y
los protege. Haz la prueba y verás
qué bueno es el Señor. Dichoso el
hombre que se refugia en él. **R.**

2ª Lectura

**San Pablo, sabiendo que se
acerca su muerte, se des-
pide tranquilo porque ha
trabajado duro por compartir su inmenso cariño a Jesús.**

De la segunda carta del apóstol san Pablo
a Timoteo 4, 6-8. 17-18

Querido hermano: Ha llegado para mí la
hora del sacrificio y se acerca el momento de mi partida. He luchado bien en el
combate, he corrido hasta la meta, he
perseverado en la fe. Ahora sólo espero
la corona merecida, con la que el Señor,
justo juez, me premiará en aquel día, y
no solamente a mí, sino a todos aquellos
que esperan con amor su glorioso advenimiento. Cuando todos me abandonaron,
el Señor estuvo a mi lado y me dio fuerzas
para que, por mi medio, se proclamara
claramente el mensaje de salvación y lo
oyeran todos los paganos. Y fui librado
de las fauces del león. El Señor me seguirá
librando de todos los peligros y me llevará
sano y salvo a su Reino celestial.

Palabra de Dios.
R. Te alabamos, Señor.

Evangelio

**San Pedro reconoce a Jesús como el Hijo de Dios y por eso
Jesús le dice que es Pedro (la piedra) sobre cuyo cimiento va a
construir la Iglesia.**

Del santo Evangelio según san Mateo 16, 13-19

En aquel tiempo, cuando llegó Jesús a la región de Cesarea de Filipo, hizo esta
pregunta a sus discípulos: "¿Quién dice la gente que es el Hijo del hombre?"
Ellos le respondieron: "Unos dicen que eres Juan el Bautista; otros, que Elías; otros,

que Jeremías o alguno de los profetas". Luego les preguntó: "Y ustedes, ¿quién dicen que soy yo?" Simón Pedro tomó la palabra y le dijo: "Tú eres el Mesías, el Hijo de Dios vivo". Jesús le dijo entonces: "¡Dichoso tú, Simón, hijo de Juan, porque esto no te lo ha revelado ningún hombre, sino mi Padre, que está en los cielos! Y yo te digo a ti que tú eres Pedro y sobre esta piedra edificaré mi Iglesia. Los poderes del infierno no prevalecerán sobre ella. Yo te daré las llaves del Reino de los cielos; todo lo que ates en la tierra quedará atado en el cielo, y todo lo que desates en la tierra quedará desatado en el cielo".

Palabra del Señor. R. Gloria a ti, Señor Jesús.

Para platicar
CON DIOS...

Señor, esta vez quiero pedirte por el Papa Francisco para que lo ayudes como a san Pedro a cuidar de tus ovejas. También te quiero pedir por todos los catequistas, maestros de religión y por todos los que nos ayudan a conocerte mejor. Y por mí, para que también sepa ser tu gran amigo como lo fue san Pedro y tan valiente para compartir la alegría de mi amistad contigo, como lo fue san Pablo.

Para probar tu INTELIGENCIA

¿Qué tanto conoces a San Pedro y a San Pablo?
Pon la palabra Pedro o Pablo según lo haya hecho uno o el otro. Si lo que se dice es de los dos, pon Pedro y Pablo; y si no es de ninguno pon ninguno. ¡Sale, eh!

_____ era pescador en el mar de Galilea.

_____ perseguía a los cristianos para meterlos a la cárcel.

_____ era portero del Real Madrid.

_____ se llamaba Saulo, pero lo cambió por un nombre que sonara a un nombre romano.

_____ se le representa con un libro por las cartas que escribió y una espada recordando que persiguió a los cristianos.

_____ lloró cuando negó a Jesús tres veces.

_____ Jesús le dijo: "¿Saulo, por qué me persigues?

_____ decía que no merecía el nombre de apóstol porque había perseguido a los cristianos.

_____ Jesús le dijo: "Te haré pescador de hombres".

_____ se llamaba Simón y Jesús le cambió el nombre.

_____ mueren mártires por la fe a Jesús en Roma.

_____ se le representa con unas llaves antiguas en la mano porque Jesús le dio las llaves del Reino.

Vengan a mí,
todos los que estén fatigados

■ **6 de julio** / 14° Domingo
Ordinario / **Verde**

1ª Lectura

Zacarías anuncia la entrada de Jesús, montado sobre un burrito, como rey de la paz.

Del libro del profeta Zacarías 9, 9-10

Esto dice el Señor: "Alégrate sobremanera, hija de Sión; da gritos de júbilo, hija de Jerusalén; mira a tu rey que viene a ti, justo y victorioso, humilde y montado en un burrito. Él hará desaparecer de la tierra de Efraín los carros de guerra, y de Jerusalén, los caballos de combate. Romperá el arco del guerrero y anunciará la paz a las naciones. Su poder se extenderá de mar a mar y desde el gran río hasta los últimos rincones de la tierra".

Palabra de Dios.
R. Te alabamos, Señor.

Del Salmo 144

R. Acuérdate, Señor,
de tu misericordia.

Dios y rey mío, yo te alabaré, bendeciré tu nombre siempre y para siempre. Un día tras otro bendeciré tu nombre y no cesará mi boca de alabarte. **R.**

El Señor es compasivo y misericordioso, lento para enojarse y generoso para perdonar. Bueno es el Señor para con todos y su amor se extiende a todas sus creaturas. **R.**

El Señor es siempre fiel a sus palabras, y lleno de bondad en sus acciones. Da su apoyo el Señor al que tropieza y al agobiado alivia. **R.**

Que te alaben, Señor, todas tus obras, y que todos tus fieles te bendigan. Que proclamen la gloria de tu reino y den a conocer tus maravillas. **R.**

2ª Lectura

Si nos dejamos llevar por el mal espíritu y somos de lo peor, estamos ¡¡¡¡¡Pelas!!!!! ¡Ah, pero si nos dejamos conducir por el Espíritu de Dios, traemos la buena vibra, y sí la haremos en esta y en la otra vida.

De la carta del apóstol san Pablo a los romanos 8, 9. 11-13

Hermanos: Ustedes no viven conforme al desorden egoísta del hombre, sino conforme al Espíritu, puesto que el Espíritu de Dios habita verdaderamente en ustedes. Quien no tiene el Espíritu de Cristo, no es de Cristo. Si el Espíritu del Padre, que resucitó a Jesús de entre los muertos, habita en ustedes, entonces el Padre, que resucitó a Jesús de entre los muertos, también les dará vida a sus cuerpos mortales, por obra de su Espíritu, que habita en ustedes. Por lo tanto, hermanos, no estamos sujetos al desorden egoísta del hombre, para hacer de ese desorden nuestra regla de conducta. Pues si ustedes viven de ese modo, ciertamente serán destruidos. Por el contrario, si con la ayuda del Espíritu destruyen sus malas acciones, entonces vivirán.

Palabra de Dios.   *R. Te alabamos, Señor.*

Evangelio

Cuando andamos apachurrados, Jesús nos carga las pilas porque es manso y humilde de corazón.

Del santo Evangelio según san Mateo 11, 25-30

En aquel tiempo, Jesús exclamó: "¡Yo te alabo, Padre, Señor del cielo y de la tierra, porque has escondido estas cosas a los sabios y entendidos, y las has revelado a la gente sencilla! Gracias, Padre, porque así te ha parecido bien. El Padre ha puesto todas las cosas en mis manos. Nadie conoce al Hijo sino el Padre, y nadie conoce al Padre sino el Hijo y aquel a quien el Hijo se lo quiera revelar. Vengan a mí, todos los que están fatigados y agobiados por la carga y yo les daré alivio. Tomen mi yugo sobre ustedes y aprendan de mí, que soy manso y humilde de corazón, y encontrarán descanso, porque mi yugo es suave y mi carga, ligera".

Palabra del Señor.
R. Gloria a ti, Señor Jesús.

PARA PLATICAR CON DIOS

Jesús, en este día quiero pedirte que nos des el don de la paz. Que ya no haya personas secuestradas, ni narcotraficantes, ni grupos de malhechores que matan, ni gente que es asaltada al regresar de su trabajo, ni niños que pierden a su papá o a sus seres queridos.

También te pido que nos des el regalo de la paz en los corazones y en las familias. Que dejemos a un lado los enojos y busquemos entendernos y nos apoyemos unos con otros.

Quiero pedirte lo que propone san Francisco de Asís:

¡Hazme instrumento de tu paz, que donde haya odio siembre yo tu amor!

Para ayudar a Jesús

Muchas veces me enojo luego luego cuando estamos jugando y se me olvida que es juego. Y ahí empiezan los gritos y nos peleamos. Por eso, Jesús, voy a tomar las cosas con humor. Que sepa reírme de los errores y movidas que hacemos, y tranquilice los ánimos para entendernos entre todos y así aprendamos a arreglar las cosas para seguir divirtiéndonos.

También en el juego te pido:

"Hazme instrumento de tu paz".

Una vez
salió un sembrador
a sembrar...

Jesús es como la lluvia que viene a germinar la tierra y la hace dar semilla para el pan.

Del libro del profeta Isaías 55, 10-11

Esto dice el Señor: "Como bajan del cielo la lluvia y la nieve y no vuelven allá, sino después de empapar la tierra, de fecundarla y hacerla germinar, a fin de que dé semilla para sembrar y pan para comer, así será la palabra que sale de mi boca: no volverá a mí sin resultado, sino que hará mi voluntad y cumplirá su misión".

Palabra de Dios.
R. Te alabamos, Señor.

Del Salmo 64

R. Señor, danos siempre de tu agua.

Señor, tú cuidas de la tierra, la riegas y la colmas de riqueza. Las nubes del Señor van por los campos, rebosantes de agua, como acequias. **R.**

Tú preparas las tierras para el trigo: riegas los surcos, aplanas los terrenos, reblandeces el suelo con la lluvia, bendices los renuevos. **R.**

Tú coronas el año con tus bienes, tus senderos derraman abundancia, están verdes los pastos del desierto, las colinas con flores adornadas. **R.**

Los prados se visten de rebaños, de trigales los valles se engalanan. Todo aclama al Señor. Todo le canta. **R.**

2ª Lectura

El egoísmo nos daña y a la naturaleza también. El Espíritu de Jesús nos anima a vernos libres de esta destrucción.

De la carta del apóstol san Pablo a los romanos 8, 18-23

Hermanos: Considero que los sufrimientos de esta vida no se pueden comparar con la gloria que un día se manifestará en nosotros; porque toda la creación espera, con seguridad e impaciencia, la revelación de esa gloria de los hijos de Dios. La creación está ahora sometida al desorden, no por su querer, sino por voluntad de aquel que la sometió. Pero dándole al mismo tiempo esta esperanza: que también ella misma va a ser liberada de la esclavitud de la corrupción, para compartir la gloriosa libertad de los hijos de Dios.

Sabemos, en efecto, que la creación entera gime hasta el presente y sufre dolores de parto; y no sólo ella, sino también nosotros, los que poseemos las primicias del Espíritu, gemimos interiormente, anhelando que se realice plenamente nuestra condición de hijos de Dios, la redención de nuestro cuerpo.

Palabra de Dios.   *R. Te alabamos, Señor.*

Evangelio

Jesús nos cuenta la parábola del sembrador: Una vez salió un sembrador a sembrar...

Del santo Evangelio según san Mateo 13, 1-23

Un día salió Jesús de la casa donde se hospedaba y se sentó a la orilla del mar. Se reunió en torno suyo tanta gente, que él se vio obligado a subir a una barca, donde se sentó, mientras la gente permanecía en la orilla. Entonces Jesús les habló de muchas cosas en parábolas y les dijo: "Una vez salió un sembrador a sembrar, y al ir arrojando la semilla, unos granos cayeron a lo largo del camino; vinieron los pájaros y se los comieron. Otros granos cayeron en terreno pedregoso, que tenía poca tierra; ahí germinaron pronto, porque la tierra no era gruesa; pero cuando subió el sol, los brotes se marchitaron, y como no tenían raíces, se secaron. Otros cayeron entre espinos, y cuando los espinos crecieron, sofocaron las plantitas. Otros granos cayeron en tierra buena y dieron fruto: unos, ciento por uno; otros, sesenta; y otros, treinta. El que tenga oídos, que oiga". Después se le acercaron sus discípulos y le preguntaron: "¿Por qué les hablas en parábolas?" Él les respondió: "A ustedes se les ha concedido conocer los misterios del Reino de los cielos, pero a ellos no. Al que tiene, se le dará más y nadará en la abundancia; pero al que tiene poco, aun eso poco se le quitará.

Por eso les hablo en parábolas, porque viendo no ven y oyendo no oyen ni entienden. En ellos se cumple aquella profecía de Isaías que dice: *Oirán una y otra vez y no entenderán; mirarán y volverán a mirar, pero no verán; porque este pueblo ha endurecido su corazón, ha cerrado sus ojos y tapado sus oídos, con el fin de no ver con los ojos, ni oír con los oídos, ni comprender con el corazón. Porque no quieren convertirse ni que yo los salve.* Pero, dichosos ustedes, porque sus ojos ven y sus oídos oyen. Yo les aseguro que muchos profetas y muchos justos desearon ver lo que ustedes ven y no lo vieron y oír lo que ustedes oyen y no lo oyeron. Escuchen, pues, ustedes, lo que significa la parábola del sembrador. A todo hombre que oye la palabra del Reino y no la entiende, le llega el diablo y le arrebata lo sembrado en su corazón. Esto es lo que significan los granos que cayeron a lo largo del camino. Lo sembrado sobre terreno pedregoso significa al que oye la palabra y la acepta inmediatamente con alegría; pero, como es inconstante, no la deja echar raíces, y apenas le viene una tribulación o una persecución por causa de la palabra, sucumbe. Lo sembrado entre los espinos representa a aquel que oye la palabra, pero las preocupaciones de la vida y la seducción de las riquezas la sofocan y queda sin fruto.

En cambio, lo sembrado en tierra buena representa a quienes oyen la palabra, la entienden y dan fruto: unos, el ciento por uno; otros, el sesenta; y otros, el treinta".

Palabra del Señor.
R. Gloria a ti, Señor Jesús.

PARA PROBAR TU INTELIGENCIA

Vamos a ver si de veras tienes fósforo en la cabeza y brilla tu inteligencia o de plano tienes el foco fundido. Une con una línea la palabra con la descripción que le corresponde.

El Sembrador

Las semillas

El terreno duro del camino

Los pájaros panzones que se comen las semillas que no entran en la tierra.

El terreno pedregoso

El terreno lleno de yerbas malas

El terreno bueno que acoge las semillas y las hace producir

● es el terreno de la puuuuuura flojera. Es como un colchón de cama que nos atrapa y hace que no queramos hacer nada.

● es Jesús que trae la semilla llena de vida de su Reino, y la siembra abundantemente.

● es el terreno que sí quisiera ayudar a Jesús pero ya es cliente de los diablitos. Sí ayuda con una moneda a la colecta de la Cruz Roja, pero si ve tirada a una compañera le gana la cobardía y mejor se va para no meterse en líos. Quisiera no hacer maldades, pero si ve que la compañera dejó a la vista su dinero, le quita un billete de $ 20.00 o mejor aún el de $ 500.00 y finge demencia cuando ella se da cuenta y asustada pregunta por él.

● es el terreno que se identifica con los sueños de Jesús. Quiere que las personas vivan alegres, ayudándose, viendo los unos por los otros, sin miedo a que los asalten, a vivir peleando... Le da la mano a los demás y sabe regalarles una sonrisa de afecto. Da el ciento por uno.

● son los diablitos de las flojeras, dejadeces, indolencia, distracciones que se llevan las oportunidades de hacerla en la vida. Nos vuelven unos inútiles.

● es el terreno de los que se emocionan de repente con ser de veras buenos, pero siguen llenos de diablitos que no quieren correr de sus vidas. Se emocionan más con la fiesta, los juegos inflables y los regalos de la Primera Comunión que con recibir a Jesús. Por eso, pasada la fiesta de la Primera Comunión, se olvidan de Jesús y dejan de comulgar.

● simbolizan al Reino de los cielos. Son esos angelitos que animan a las personas a ser buenas ondas, a echarle ganas, a respetar a los demás, a colaborar unos con otros, a perdonar a los que nos han lastimado... a que de veras nos veamos como hermanos y sepamos ver unos por otros.

¿qué no sembraste
buena semilla en tu campo?

■ **20 de julio** / 16° Domingo Ordinario / **Verde**

1ª Lectura

Dios le da al pecador tiempo para que se arrepienta.

Del libro de la Sabiduría 12, 13. 16-19

No hay más Dios que tú, Señor, que cuidas de todas las cosas. No hay nadie a quien tengas que rendirle cuentas de la justicia de tus sentencias. Tu poder es el fundamento de tu justicia, y por ser el Señor de todos, eres misericordioso con todos. Tú muestras tu fuerza a los que dudan de tu poder soberano y castigas a quienes, conociéndolo, te desafían. Siendo tú el dueño de la fuerza, juzgas con misericordia y nos gobiernas con delicadeza, porque tienes el poder y lo usas cuando quieres. Con todo esto has enseñado a tu pueblo que el justo debe ser humano, y has llenado a tus hijos de una dulce esperanza, ya que al pecador le das tiempo para que se arrepienta.

Palabra de Dios.
R. Te alabamos, Señor.

Del Salmo 85

R. Tú, Señor, eres bueno y clemente.

Puesto que eres, Señor,
bueno y clemente y todo amor
con quien tu nombre invoca,
escucha mi oración y a mi súplica
da respuesta pronta. **R.**

Señor, todos los pueblos
vendrán para adorarte y
darte gloria, pues sólo
tú eres Dios, y tus obras,
Señor, son portentosas. **R.**

Dios entrañablemente
compasivo, todo amor
y lealtad, lento a la cólera,
ten compasión de mí, pues
clamo a ti, Señor,
a toda hora. **R.**

94

El Espíritu intercede por nosotros con gemidos que no pueden expresarse con palabras.

De la carta del apóstol san Pablo a los romanos 8, 26-27

Hermanos: El Espíritu nos ayuda en nuestra debilidad, porque nosotros no sabemos pedir lo que nos conviene; pero el Espíritu mismo intercede por nosotros con gemidos que no pueden expresarse con palabras. Y Dios, que conoce profundamente los corazones, sabe lo que el Espíritu quiere decir, porque el Espíritu ruega conforme a la voluntad de Dios, por los que le pertenecen.

Palabra de Dios. *R. Te alabamos, Señor.*

Evangelio

Jesús nos cuenta la parábola del trigo y la cizaña: Un hombre sembró buena semilla, pero mientras dormía...

Del santo Evangelio según san Mateo 13, 24-43

En aquel tiempo, Jesús propuso esta parábola a la muchedumbre: "El Reino de los cielos se parece a un hombre que sembró buena semilla en su campo; pero mientras los trabajadores dormían, llegó un enemigo del dueño, sembró cizaña entre el trigo y se marchó. Cuando crecieron las plantas y se empezaba a formar la espiga, apareció también la cizaña.

Entonces los trabajadores fueron a decirle al amo: 'Señor, ¿qué no sembraste buena semilla en tu campo? ¿De dónde, pues, salió esta cizaña?' El amo les respondió: 'De seguro lo hizo un enemigo mío'. Ellos le dijeron: '¿Quieres que vayamos a arrancarla?' Pero él les contestó: 'No. No sea que al arrancar la cizaña, arranquen también el trigo. Dejen que crezcan juntos hasta el tiempo de la cosecha y, cuando llegue la cosecha, diré a los segadores: Arranquen primero la cizaña y átenla en gavillas para quemarla, y luego almacenen el trigo en mi granero' ".

Luego les propuso esta otra parábola: "El Reino de los cielos es semejante a la semilla de mostaza que un hombre siembra en un huerto. Ciertamente es la más pequeña de todas las semillas, pero cuando crece, llega a ser más grande que las hortalizas y se convierte en un arbusto, de manera que los pájaros vienen y hacen su nido en las ramas". Les dijo también otra parábola: "El Reino de los cielos se parece a un poco de levadura que tomó una mujer y la mezcló con tres medidas de harina, y toda la masa acabó por fermentar". Jesús decía a la muchedumbre todas estas cosas con parábolas, y sin parábolas nada les decía, para que se cumpliera lo que dijo el profeta: *Abriré mi boca y les hablaré con parábolas; anunciaré lo que estaba oculto desde la creación del mundo.*

Luego despidió a la multitud y se fue a su casa. Entonces se le acercaron sus discípulos y le dijeron: "Explícanos la parábola de la cizaña sembrada en el campo". Jesús les contestó: "El sembrador de la buena semilla es el Hijo del hombre, el campo es el mundo, la buena semilla son los ciudadanos del Reino, la cizaña son los partidarios del maligno, el enemigo que la siembra es el diablo, el

tiempo de la cosecha es el fin del mundo, y los segadores son los ángeles. Y así como recogen la cizaña y la queman en el fuego, así sucederá al fin del mundo: el Hijo del hombre enviará a sus ángeles para que arranquen de su Reino a todos los que inducen a otros al pecado y a todos los malvados, y los arrojen en el horno encendido. Allí será el llanto y la desesperación. Entonces los justos brillarán como el sol en el Reino de su Padre. El que tenga oídos, que oiga".

Palabra del Señor.
R. Gloria a ti, Señor Jesús.

Para probar tu inteligencia

¡Uy, úy, uy! Estas parábolas de Jesús parecen muy sencillas, pero necesitan que le echemos imaginación, seso y corazón para entenderlas y vivirlas. Para empezar, no conocemos las semillas de mostaza, más que hechas pomada embotellada para untarla a las hamburguesas o a los *hotdogs*. Para seguir, tampoco conocemos la levadura para esponjar el pan. Y para remate, apenas conocemos los granos de trigo y las espigas cuando vamos a una Primera Comunión y la mamá las pone de adornos. Pero como la cizaña tiene tan mala fama, no la conocemos ni hecha pomada.

La mostaza y la levadura

Por eso te pregunto, si Jesús contara estas parábolas hoy, ¿qué ejemplos pondría para que entendiéramos que el Reino de los Cielos, se parece a algo tan diminuto como un grano de mostaza o el sencillo polvo de la levadura?

Elige con una (**V**) si podría usar la comparación del ejemplo, o tacha con una (**X**) si crees que el ejemplo no dice lo que Jesús quiere decir.

( ) el Reino de los Cielos se parece a un puño de maíz para palomitas que, de ser duros y apretados, calentados en el microondas o en el fondo de una olla, ¡¡¡¡Pufff!!!!, empiezan a reventar, se esponjan, llenan de bolas la olla, y saben deliciosos.

( ) el Reino de los Cielos se parece al cariño de mamá y papá que, de estar ellos solitos, ahora somos todos los de la familia que han formado, más los abues, los primos, los tíos, los amigos y hasta alguna mascota que nos acompaña.

( ) el Reino de los Cielos se parece a una bolsa de papitas que alguien abre en el recreo. Que de estar escondida en la mochila, en cuanto la enseña su dueño se llena de muuuuuchas manos de niños.

( ) el Reino de los Cielos se parece a un montón de tamarindo con una taza de azúcar. Que en cuanto se hierve para que suelte la

pulpa hace que tooooooda el agua sepa a una delicia.

( ) el Reino de los Cielos se parece a una olla escondida en un disfraz de piñata, que en cuanto se rompe, hace llover niños de todas partes atrapando dulces y juguetes.

¿Podrías hacer tú, tu propia versión de la parábola de la mostaza o de la levadura?

El Reino de los Cielos
se parece a un tesoro

■ **27 de julio** / 17° Domingo Ordinario / **Verde**

Dios le da al rey Salomón ser muy sabio para gobernar y, por no ser ambicioso, le da ser muy famoso y muy rico.

Del primer libro de los Reyes 3, 5-13

En aquellos días, el Señor se le apareció al rey Salomón en sueños y le dijo: "Salomón, pídeme lo que quieras, y yo te lo daré". Salomón le respondió: "Señor, tú trataste con misericordia a tu siervo David, mi padre, porque se portó contigo con lealtad, con justicia y rectitud de corazón. Más aún, también ahora lo sigues tratando con misericordia, porque has hecho que un hijo suyo lo suceda en el trono. Sí, tú quisiste, Señor y Dios mío, que yo, tu siervo, sucediera en el trono a mi padre, David. Pero yo no soy más que un muchacho y no sé cómo actuar.

Soy tu siervo y me encuentro perdido en medio de este pueblo tuyo, tan numeroso, que es imposible contarlo. Por eso te pido que me concedas sabiduría de corazón para que sepa gobernar a tu pueblo y distinguir entre el bien y el mal. Pues sin ella, ¿quién será capaz de gobernar a este pueblo tuyo tan grande?"

Al Señor le agradó que Salomón le hubiera pedido sabiduría y le dijo: "Por haberme pedido esto, y no una larga vida, ni riquezas, ni la muerte de tus enemigos, sino sabiduría para gobernar, yo te concedo lo que me has pedido. Te doy un corazón sabio y prudente, como no lo ha habido antes, ni lo habrá después de ti. Te voy a conceder, además, lo que no me has pedido: tanta gloria y riqueza, que no habrá rey que se pueda comparar contigo".

Palabra de Dios.
R. Te alabamos, Señor.

97

Del Salmo 118

R. Yo amo, Señor, tus mandamientos.

A mí, Señor, lo que me toca es cumplir tus preceptos. Para mí valen más tus enseñanzas que miles de monedas de oro y plata. **R.**

Señor, que tu amor me consuele, conforme a las promesas que me has hecho. Muéstrame tu ternura y viviré, porque en tu ley he puesto mi contento. **R.**

Amo, Señor, tus mandamientos más que el oro purísimo; por eso tus preceptos son mi guía y odio toda mentira. **R.**

Tus preceptos, Señor, son admirables, por eso yo los sigo. La explicación de tu palabra da luz y entendimiento a los sencillos. **R.**

2ª Lectura

Al darnos a Jesús como nuestro hermano de lujo, Dios nos vitamina para ser tan grandes como lo es Jesús.

De la carta del apóstol san Pablo a los romanos 8, 28-30

Hermanos: Ya sabemos que todo contribuye para bien de los que aman a Dios, de aquellos que han sido llamados por él, según su designio salvador. En efecto, a quienes conoce de antemano, los predestina para que reproduzcan en sí mismos la imagen de su propio Hijo, a fin de que él sea el primogénito entre muchos hermanos. A quienes predestina, los llama; a quienes llama, los justifica; y a quienes justifica, los glorifica.

Palabra de Dios.
R. Te alabamos, Señor.

Evangelio

Jesús nos cuenta la parábola del tesoro del Reino de los Cielos: el que lo descubre deja todo para adquirirlo.

Del santo Evangelio según san Mateo 13, 44-52

En aquel tiempo, Jesús dijo a sus discípulos: "El Reino de los cielos se parece a un tesoro escondido en un campo. El que lo encuentra lo vuelve a esconder y, lleno de alegría, va y vende cuanto tiene y compra aquel campo. El Reino de los cielos se parece también a un comerciante en perlas finas que, al encontrar una perla muy valiosa, va y vende cuanto tiene y la compra. También se parece el Reino de los cielos a la red que los pescadores echan en el mar y recoge toda clase de peces. Cuando se llena la red, los pescadores la sacan a la playa y se sientan a escoger los pescados; ponen los buenos en canastos y tiran los malos. Lo mismo sucederá al final de los tiempos: vendrán los ángeles, separarán a los malos de los buenos y los arrojarán al horno encendido. Allí será el llanto y la desesperación. ¿Han entendido todo esto?" Ellos le contestaron: "Sí". Entonces él les dijo: "Por eso, todo escriba instruido en las cosas del Reino de los cielos es semejante al padre de familia, que va sacando de su tesoro cosas nuevas y cosas antiguas".

Palabra del Señor.
R. Gloria a ti, Señor Jesús.

Para probar tu INTELIGENCIA

A muchas personas se nos olvida que todo lo que tenemos le pertenece a Dios. Dios nos da todo porque nos quiere. Pero esto se nos olvida y hacemos que las cosas sean nuestros. ¿No has visto que hay niños que tienen las manos pegadas a su celular y por estar jugando con él ni pelan a los amigos que los rodean?

Jesús no quiere que nuestros dedos estén pegados como con un imán a un celular o un juguete, sino que nos sirvan para acercarnos a los demás, nos hagamos amigos y nos ayudemos.

Cuando uno entiende esto, va, deja el celular y todos los juguetitos que nos esclavizan y preferimos estar y ser amigos de verdad.

Todos comieron hasta saciarse...

■ 3 de agosto / 18° Domingo
Ordinario / **Verde**

1ª Lectura

El Profeta Isaías anuncia que Jesús saciará nuestra sed y nuestra hambre.

Del libro del profeta Isaías 55, 1-3

Esto dice el Señor: "Todos ustedes, los que tienen sed, vengan por agua; y los que no tienen dinero, vengan, tomen trigo y coman; tomen vino y leche sin pagar.

¿Por qué gastar el dinero en lo que no es pan y el salario, en lo que no alimenta? Escúchenme atentos y comerán bien, saborearán platillos sustanciosos.

Préstenme atención, vengan a mí, escúchenme y vivirán. Sellaré con ustedes una alianza perpetua, cumpliré las promesas que hice a David".

Palabra de Dios.
R. Te alabamos, Señor.

Del Salmo 144

R. Abres, Señor, tu mano y nos sacias de favores.

El Señor es compasivo
y misericordioso, lento para
enojarse y generoso para
perdonar.
Bueno es el Señor para con todos
y su amor se extiende a todas sus
creaturas. **R.**

A ti, Señor, sus ojos vuelven todos
y tú los alimentas a su tiempo.
Abres, Señor, tus manos generosas
y cuantos viven quedan
satisfechos. **R.**

Siempre es justo el Señor
en sus designios y están llenas
de amor todas sus obras.
No está lejos de aquellos que lo
buscan; muy cerca está el Señor,
de quien lo invoca. **R.**

San Pablo nos hace ver que nadie ni nada puede cancelar el amor que Dios nos da en Jesús.

De la carta del apóstol san Pablo a los romanos 8, 35. 37-39

Hermanos: ¿Qué cosa podrá apartarnos del amor con que nos ama Cristo? ¿Las tribulaciones? ¿Las angustias? ¿La persecución? ¿El hambre? ¿La desnudez? ¿El peligro? ¿La espada? Ciertamente de todo esto salimos más que victoriosos, gracias a aquel que nos ha amado; pues estoy convencido de que ni la muerte ni la vida, ni los ángeles ni los demonios, ni el presente ni el futuro, ni los poderes de este mundo, ni lo alto ni lo bajo, ni creatura alguna podrá apartarnos del amor que nos ha manifestado Dios en Cristo Jesús.

Palabra de Dios.   R. *Te alabamos, Señor.*

Evangelio

Jesús multiplica los panes y los pescados como señal de la generosidad de Dios al llamarnos a su Reino.

Del santo Evangelio según san Mateo 14, 13-21

En aquel tiempo, al enterarse Jesús de la muerte de Juan el Bautista, subió a una barca y se dirigió a un lugar apartado y solitario. Al saberlo la gente, lo siguió por tierra desde los pueblos. Cuando Jesús desembarcó, vio aquella muchedumbre, se compadeció de ella y curó a los enfermos. Como ya se hacía tarde, se acercaron sus discípulos a decirle: "Estamos en despoblado y empieza a oscurecer. Despide a la gente para que vayan a los caseríos y compren algo de comer". Pero Jesús les replicó: "No hace falta que vayan. Denles ustedes de comer". Ellos le contestaron: "No tenemos aquí más que cinco panes y dos pescados". Él les dijo: "Tráiganmelos".

Luego mandó que la gente se sentara sobre el pasto. Tomó los cinco panes y los dos pescados, y mirando al cielo, pronunció una bendición, partió los panes y se los dio a los discípulos para que los distribuyeran a la gente. Todos comieron hasta saciarse, y con los pedazos que habían sobrado se llenaron doce canastos. Los que comieron eran unos cinco mil hombres, sin contar a las mujeres y a los niños.

Palabra del Señor.
R. *Gloria a ti, Señor Jesús.*

Para probar tu INTELIGENCIA

Parábolas narradas y parábolas en acción

Los Evangelios conservan dos tipos de parábolas de Jesús:

• Parábolas narradas: son ejemplos que cuenta Jesús para que entendamos qué es el Reino de los cielos y cómo lo tenemos que vivir. En los domingos pasados oímos varias de éstas:

• La parábola del sembrador y los terrenos.

• La parábola del trigo y la cizaña.

• La parábola del grano de mostaza...

¿Recuerdas alguna otra?

• Parábola de _____
_____
_____

• Parábola de _____
_____
_____

• Las Parábolas en acción: son generalmente milagros que sirven como señales que hacen ver que ha llegado el Reino de Dios y cómo transforma nuestra vida. Hoy el Evangelio nos presenta una de estas parábolas en acción:

• La multiplicación de los panes y de los pescados.

"¡Sálvame, Señor!"

■ **10 de agosto** / 19° Domingo
Ordinario / Verde

Dios se manifiesta al profeta Elías como el murmullo de una brisa suave.

Del primer libro de los Reyes 19, 9. 11-13

Al llegar al monte de Dios, el Horeb, el profeta Elías entró en una cueva y permaneció allí. El Señor le dijo: "Sal de la cueva y quédate en el monte para ver al Señor, porque el Señor va a pasar". Así lo hizo Elías, y al acercarse el Señor, vino primero un viento huracanado, que partía las montañas y resquebrajaba las rocas; pero el Señor no estaba en el viento. Se produjo después un terremoto; pero el Señor no estaba en el terremoto. Luego vino un fuego; pero el Señor no estaba en el fuego. Después del fuego se escuchó el murmullo de una brisa suave. Al oírlo, Elías se cubrió el rostro con el manto y salió a la entrada de la cueva.

Palabra de Dios.
R. Te alabamos, Señor.

Del Salmo 84

R. Muéstranos, Señor, tu misericordia.

Escucharé las palabras del Señor, palabras de paz para su pueblo santo. Está ya cerca nuestra salvación y la gloria del Señor habitará en la tierra. **R.**

La misericordia y la verdad se encontraron, la justicia y la paz se besaron, la fidelidad brotó en la tierra y la justicia vino del cielo. **R.**

Cuando el Señor nos muestre su bondad, nuestra tierra producirá su fruto. La justicia le abrirá camino al Señor e irá siguiendo sus pisadas. **R.**

2ª Lectura

San Pablo expresa su gran cariño por sus hermanos judíos. Ese cariño es tan grande que Pablo dejaría a Jesús si eso fuera la auténtica bendición para los judíos.

De la carta del apóstol san Pablo a los romanos 9, 1-5

Hermanos: Les hablo con toda verdad en Cristo; no miento. Mi conciencia me atestigua, con la luz del Espíritu Santo, que tengo una infinita tristeza y un dolor incesante tortura mi corazón. Hasta aceptaría verme separado de Cristo, si esto fuera para bien de mis hermanos, los de mi raza y de mi sangre, los israelitas, a quienes pertenecen la adopción filial, la gloria, la alianza, la ley, el culto y las promesas. Ellos son descendientes de los patriarcas; y de su raza, según la carne, nació Cristo, el cual está por encima de todo y es Dios bendito por los siglos de los siglos. Amén.

Palabra de Dios.
R. Te alabamos, Señor.

Evangelio

Jesús saca del fondo del agua a San Pedro, cuando por dudar, se hunde al ir caminando sobre el agua.

Del santo Evangelio según san Mateo 14, 22-33

En aquel tiempo, inmediatamente después de la multiplicación de los panes, Jesús hizo que sus discípulos subieran a la barca y se dirigieran a la otra orilla, mientras él despedía a la gente. Después de despedirla, subió al monte a solas para orar. Llegada la noche, estaba él solo allí. Entre tanto, la barca iba ya muy lejos de la costa y las olas la sacudían, porque el viento era contrario. A la madrugada, Jesús fue hacia ellos, caminando sobre el agua. Los discípulos, al verlo andar sobre el agua, se espantaron, y decían: "¡Es un fantasma!" Y daban gritos de terror. Pero Jesús les dijo enseguida: "Tranquilícense y no teman. Soy yo". Entonces le dijo Pedro: "Señor, si eres tú, mándame ir a ti caminando sobre el agua". Jesús le contestó: "Ven". Pedro bajó de la barca y comenzó a caminar sobre el agua hacia Jesús; pero al sentir la fuerza del viento, le entró miedo, comenzó a hundirse y gritó: "¡Sálvame, Señor!" Inmediatamente Jesús le tendió la mano, lo sostuvo y le dijo: "Hombre de poca fe, ¿por qué dudaste?" En cuanto subieron a la barca, el viento se calmó. Los que estaban en la barca se postraron ante Jesús diciendo: "Verdaderamente tú eres el Hijo de Dios".

Palabra del Señor.
R. Gloria a ti, Señor Jesús.

PARA AYUDAR A JESÚS

Esta vez la manera de ayudar a Jesús es muuuuuuy sencilla: ¡Déjate ayudar por él!

Cuando sientas que te vas al fondo por un problema, porque reprobaste un examen, porque la regaste grueso con un amigo, cuando dijiste algo que te apena en serio... ¡Haz como Pedro! Acuérdate del: "¡Sálvame, Señor!"

Seguro que Jesús te va a echar la mano de la manera más inesperada. Tal vez te dé algún regañito y te diga: "Personita de poca fe, ¿por qué dudaste?".

Así te ayudará para la próxima, ni lo dudes.

Para platicar CON DIOS

Gracias, Jesús, por mandarme caminar sobre las olas de los problemas de la vida. Dame una fe muy firme para que no me sacudan los vientos, ni las olas. Y tómame de la mano para llevarme seguro hasta la orilla.

"Atiéndela, porque viene gritando detrás de nosotros".

■ **17 de agosto** / 20° Domingo
Ordinario / **Verde**

1ª Lectura

El profeta Isaías anuncia que Dios abre su templo para recibir las oraciones de todos los pueblos.

Del libro del profeta Isaías 56, 1. 6-7

Esto dice el Señor: "Velen por los derechos de los demás, practiquen la justicia, porque mi salvación está a punto de llegar y mi justicia a punto de manifestarse. A los extranjeros que se han adherido al Señor para servirlo, amarlo y darle culto, a los que guardan el sábado sin profanarlo y se mantienen fieles a mi alianza, los conduciré a mi monte santo y los llenaré de alegría en mi casa de oración. Sus holocaustos y sacrificios serán gratos en mi altar, porque mi templo será la casa de oración para todos los pueblos".

Palabra de Dios.
R. Te alabamos, Señor.

Del Salmo 66

R. Que te alaben, Señor, todos los pueblos.

Ten piedad de nosotros y bendícenos; vuelve, Señor, tus ojos a nosotros. Que conozca la tierra tu bondad y los pueblos tu obra salvadora. **R.**

Las naciones con júbilo te canten, porque juzgas al mundo con justicia; con equidad tú juzgas a los pueblos y riges en la tierra a las naciones. **R.**

Que te alaben, Señor, todos los pueblos, que los pueblos te aclamen todos juntos. Que nos bendiga Dios y que le rinda honor el mundo entero. **R.**

2ª Lectura

Por puro cariño Dios desea rescatarnos a pesar de nuestras necedades, tanto a judíos como a no judíos.

De la carta del apóstol san Pablo a los romanos 11, 13-15. 29-32

Hermanos: Tengo algo que decirles a ustedes, los que no son judíos, y trato de desempeñar lo mejor posible este ministerio. Pero esto lo hago también para ver si provoco los celos de los de mi raza y logro salvar a algunos de ellos. Pues, si su rechazo ha sido reconciliación para el mundo, ¿qué no será su reintegración, sino resurrección de entre los muertos? Porque Dios no se arrepiente de sus dones ni de su elección. Así como ustedes antes eran rebeldes contra Dios y ahora han alcanzado su misericordia con ocasión de la rebeldía de los judíos, en la misma forma, los judíos, que ahora son los rebeldes y que fueron la ocasión de que ustedes alcanzaran la misericordia de Dios, también ellos la alcanzarán. En efecto, Dios ha permitido que todos cayéramos en la rebeldía, para manifestarnos a todos su misericordia.

Palabra de Dios.
R. Te alabamos, Señor.

Evangelio

Jesús cura a la hija de una afligida comadrita sirio fenicia a pesar de no ser judía, gracias a la fe que tiene.

Del santo Evangelio según san Mateo 15, 21-28

En aquel tiempo, Jesús se retiró a la comarca de Tiro y Sidón. Entonces una mujer cananea le salió al encuentro y se puso a gritar: "Señor, hijo de David, ten compasión de mí. Mi hija está terriblemente atormentada por un demonio". Jesús no le contestó una sola palabra; pero los discípulos se acercaron y le rogaban: "Atiéndela, porque viene gritando detrás de nosotros". Él les contestó: "Yo no he sido enviado sino a las ovejas descarriadas de la casa de Israel". Ella se acercó entonces a Jesús y, postrada ante él, le dijo: "¡Señor, ayúdame!" Él le respondió: "No está bien quitarles el pan a los hijos para echárselo a los perritos". Pero ella replicó: "Es cierto, Señor; pero también los perritos se comen las migajas que caen de la mesa de sus amos". Entonces Jesús le respondió: "Mujer, ¡qué grande es tu fe! Que se cumpla lo que deseas". Y en aquel mismo instante quedó curada su hija.

Palabra del Señor.
R. Gloria a ti, Señor Jesús.

PARA PROBAR TU INTELIGENCIA

Tú para nada tienes memoria de teflón al que no se le pega nada, eres muuuy listo y te acuerdas del Evangelio de este domingo.

Pon una (**V**) si es cierto o una (**X**) si es falso.

¿Podrás responder estas preguntas?

● La curación de la hija de esta comadrita sirio fenicia es:

(   ) un parábola narrativa: Jesús nos cuenta un cuentito para que entendamos qué es el Reino de los cielos.

(   ) una parábola en acción: lo que hace Jesús nos enseña en qué consiste el Reino de los cielos.

Si contestaste que la curación de la hija de esta comadrita es una "parábola narrativa", estás ¡¡¡¡¡¡Péeeelas!!!!!

● Esta parábola en acción nos enseña varias cosas.

(   ) que Jesús también viene a traer la salud y a hacer participar de su Reino a los niños que no son judíos.

(   ) que la fe por la que nos ponemos totalmente en las manos de Dios le permite a él curarnos.

(   ) que la oración llena de confianza le permite a Jesús desendemoniarnos y desendemoniar a las personas que lo necesitan.

(   ) que, en caso de ser necesario, con fe, hasta Maradona podría desendemoniarse.

(   ) que los niños siro fenicios se endemonian si sus papás no le van al América.

Yo te daré las llaves del Reino de los Cielos

■ **24 de agosto** / 21er Domingo
Ordinario / Verde

1ª Lectura

Así como Dios le da las llaves del palacio de David a Eleacín, Jesús le confiará las llaves del Reino de los cielos a san Pedro.

Del libro del profeta Isaías 22, 19-23

Esto dice el Señor a Sebná, mayordomo de palacio: "Te echaré de tu puesto y te destituiré de tu cargo. Aquel mismo día llamaré a mi siervo, a Eleacín, el hijo de Elcías; le vestiré tu túnica, le ceñiré tu banda y le traspasaré tus poderes. Será un padre para los habitantes de Jerusalén y para la casa de Judá. Pondré la llave del palacio de David sobre su hombro. Lo que él abra, nadie lo cerrará; lo que él cierre, nadie lo abrirá. Lo fijaré como un clavo en muro firme y será un trono de gloria para la casa de su padre".

Palabra de Dios.
R. Te alabamos, Señor.

Del Salmo 137

R. Señor, tu amor perdura eternamente.

De todo corazón te damos gracias, Señor, porque escuchaste nuestros ruegos. Te cantaremos delante de tus ángeles, te adoraremos en tu templo. **R.**

Señor, te damos gracias por tu lealtad y por tu amor: siempre que te invocamos, nos oíste y nos llenaste de valor. **R.**

Se complace el Señor en los humildes y rechaza al engreído. Señor, tu amor perdura eternamente; obra tuya soy, no me abandones. **R.**

Dios es el mero, mero y sabe lo que hace. A todo le da vida y lo orienta hacia él.

De la carta del apóstol san Pablo a los romanos 11, 33-36

¡Qué inmensa y rica es la sabiduría y la ciencia de Dios! ¡Qué impenetrables son sus designios e incomprensibles sus caminos! ¿Quién ha conocido jamás el pensamiento del Señor o ha llegado a ser su consejero? ¿Quién ha podido darle algo primero, para que Dios se lo tenga que pagar? En efecto, todo proviene de Dios, todo ha sido hecho por él y todo está orientado hacia él. A él la gloria por los siglos de los siglos. Amén.

Palabra de Dios.
R. Te alabamos, Señor.

Evangelio

Pedro reconoce a Jesús como el Mesías, el Hijo de Dios. Jesús le dice, que por este reconocimiento, él es a quien le dará las llaves del Reino de los cielos.

Del santo Evangelio según san Mateo 16, 13-20

En aquel tiempo, cuando llegó Jesús a la región de Cesarea de Filipo, hizo esta pregunta a sus discípulos: "¿Quién dice la gente que es el Hijo del hombre?" Ellos le respondieron: "Unos dicen que eres Juan el Bautista; otros, que Elías; otros, que Jeremías o alguno de los profetas". Luego les preguntó: "Y ustedes, ¿quién dicen que soy yo?" Simón Pedro tomó la palabra y le dijo: "Tú eres el Mesías, el Hijo de Dios vivo". Jesús le dijo entonces: "¡Dichoso tú, Simón, hijo de Juan, porque esto no te lo ha revelado ningún hombre, sino mi Padre, que está en los cielos! Y yo te digo a ti que tú eres Pedro y sobre esta piedra edificaré mi Iglesia. Los poderes del infierno no prevalecerán sobre ella. Yo te daré las llaves del Reino de los cielos; todo lo que ates en la tierra quedará atado en el cielo, y todo lo que desates en la tierra quedará desatado en el cielo". Y les ordenó a sus discípulos que no dijeran a nadie que él era el Mesías.

Palabra del Señor.
R. Gloria a ti, Señor Jesús.

Para probar tu INTELIGENCIA

¿Para qué son las llaves de San Pedro?

Conociendo como conoces ya a Jesús y a su amigo Pedro, ya puedes ver que Jesús le entrega las llaves del Reino a Pedrito para:

Elige con una (V) de verdadero o con una (X) de tache:

(   ) que el diablito no se cuele dentro de la Iglesia y haga de las suyas entre nosotros, sin que haya quien nos cuide.

(   ) que solamente los muy, muy santos puedan encerrarse con Jesús en su Reino.

(   ) todos los demás están ¡¡Péeeelas!! Jesús sólo vino a buscar a los justos y no le interesan los pecadores.

(   ) esforzarse en meter al Reino a tooooooodos los más licenciados y comadritas posibles.

(   ) Jesús no es poquitero y quiere que muchos le demos la mano para que su Reino sea un gran Reino.

(   ) que deje entrar al Reino a quien le dé su moche. Pues el Reino de los cielos es para quien lo pueda comprar. Los pobres, los que anhelan la paz, los que quieren un mundo justo y fraterno... están ¡¡¡¡Péeeeelas!!!!

"¡Apártate de mí, Satanás..."

■ **31 de agosto** / 22º Domingo
Ordinario / **Verde**

1ª Lectura

Jeremías vivió las burlas que sufriría Jesús y mucha gente buena al construir el Reino de los cielos.

Del libro del profeta Jeremías 20, 7-9

Me sedujiste, Señor, y me dejé seducir; fuiste más fuerte que yo y me venciste. He sido el hazmerreír de todos; día tras día se burlan de mí. Desde que comencé a hablar, he tenido que anunciar a gritos violencia y destrucción. Por anunciar la palabra del Señor, me he convertido en objeto de oprobio y de burla todo el día. He llegado a decirme: "Ya no me acordaré del Señor ni hablaré más en su nombre". Pero había en mí como un fuego ardiente, encerrado en mis huesos; yo me esforzaba por contenerlo y no podía.

Palabra de Dios.
R. Te alabamos, Señor.

Del Salmo 62

R. Señor, mi alma tiene sed de ti.

Señor, tú eres mi Dios, a ti te busco; de ti sedienta está mi alma. Señor, todo mi ser te añora como el suelo reseco añora el agua. **R.**

Para admirar tu gloria y tu poder, con este afán te busco en tu santuario. Pues mejor es tu amor que la existencia; siempre, Señor, te alabarán mis labios. **R.**

Podré así bendecirte mientras viva y levantar en oración mis manos. De lo mejor se saciará mi alma; te alabaré con jubilosos labios. **R.**

Porque fuiste mi auxilio y a tu sombra, Señor, canto con gozo. A ti se adhiere mi alma y tu diestra me da seguro apoyo. **R.**

2ª Lectura

La adoración a Dios no se compra; es hacerse uno mismo ofrenda a Dios.

De la carta del apóstol san Pablo a los romanos 12, 1-2

Hermanos: Por la misericordia que Dios les ha manifestado, los exhorto a que se ofrezcan ustedes mismos como una ofrenda viva, santa y agradable a Dios, porque en esto consiste el verdadero culto.

No se dejen transformar por los criterios de este mundo, sino dejen que una nueva manera de pensar los transforme internamente, para que sepan distinguir cuál es la voluntad de Dios, es decir, lo que es bueno, lo que le agrada, lo perfecto.

Palabra de Dios.
R. Te alabamos, Señor.

Evangelio

El que quiera venir conmigo, que renuncie a sí mismo.

Del santo Evangelio según san Mateo 16, 21-27

En aquel tiempo, comenzó Jesús a anunciar a sus discípulos que tenía que ir a Jerusalén para padecer allí mucho de parte de los ancianos, de los sumos sacerdotes y de los escribas; que tenía que ser condenado a muerte y resucitar al tercer día. Pedro se lo llevó aparte y trató de disuadirlo, diciéndole: "No lo permita Dios, Señor. Eso no te puede suceder a ti". Pero Jesús se volvió a Pedro y le dijo: "¡Apártate de mí, Satanás, y no intentes hacerme tropezar en mi camino, porque tu modo de pensar no es el de Dios, sino el de los hombres!". Luego Jesús dijo a sus discípulos: "El que quiera venir conmigo, que renuncie a sí mismo, que tome su cruz y me siga. Pues el que quiera salvar su vida, la perderá; pero el que pierda su vida por mí, la encontrará. ¿De qué le sirve a uno ganar el mundo entero, si pierde su vida? ¿Y qué podrá dar uno a cambio para recobrarla? Porque el Hijo del hombre ha de venir rodeado de la gloria de su Padre, en compañía de sus ángeles, y entonces le dará a cada uno lo que merecen sus obras".

Palabra del Señor.
R. Gloria a ti, Señor Jesús.

PARA PLATICAR CON DIOS

Hoy no me queda otra que ponerme a platicar contigo para decirte que siento alivio al saber que ni a ti ni a mí nos gusta sufrir. Es feo enfermarse y sentirse mal.

Pero es más feo que le peguen a uno, y se burlen de ti (**bullying**, como le dicen hoy), saber que maltratan a los papás, que secuestran a los niños, que se meten a las casas a robar y tantas cosas feas que hay. Por eso, quiero agradecerte que hayas querido, como se dice: "estar en nuestro pellejo", en el pellejo de los que lloran y sufren injusticias, de los que son asaltados, de los que son secuestrados, de los que no encuentran trabajo para darles de comer a sus niños y de tanta gente que llena los océanos con sus lágrimas.

Ayúdame a calmar el dolor de tantas personas que sufren. Veme enseñando cómo podemos construir un mundo sin lágrimas ni penas.

Te pido que sean lágrimas de esperanza y, por qué no, de gozo porque se cumple tu promesa de crear un cielo nuevo y una tierra nueva donde todos los niños compartamos tu sonrisa.

...ve y amonéstalo a solas...

■ **7 de septiembre** / 23ᵉʳ Domingo Ordinario / **Verde**

1ª Lectura

Si no le haces ver sus regadas al que se equivoca, tú le quitas la oportunidad de que se corrija.

Del libro del profeta Ezequiel 33, 7-9

Esto dice el Señor: "A ti, hijo de hombre, te he constituido centinela para la casa de Israel. Cuando escuches una palabra de mi boca, tú se la comunicarás de mi parte. Si yo pronuncio sentencia de muerte contra un hombre, porque es malvado, y tú no lo amonestas para que se aparte del mal camino, el malvado morirá por su culpa, pero yo te pediré a ti cuentas de su vida. En cambio, si tú lo amonestas para que deje su mal camino y él no lo deja, morirá por su culpa, pero tú habrás salvado tu vida".

Palabra de Dios.
R. Te alabamos, Señor.

Del Salmo 94

R. Señor, que no seamos sordos a tu voz.

Vengan, lancemos vivas al Señor, aclamemos al Dios que nos salva. Acerquémonos a él, llenos de júbilo, y démosle gracias. **R.**

Vengan, y puestos de rodillas, adoremos y bendigamos al Señor, que nos hizo, pues él es nuestro Dios y nosotros, su pueblo, él nuestro pastor y nosotros, sus ovejas. **R.**

Hagámosle caso al Señor, que nos dice: "No endurezcan su corazón, como el día de la rebelión en el desierto, cuando sus padres dudaron de mí, aunque habían visto mis obras". **R.**

2ª Lectura

Todos los mandamientos se resumen en este: "Amarás a tu prójimo como a ti mismo".

De la carta del apóstol san Pablo a los romanos 13, 8-10

Hermanos: No tengan con nadie otra deuda que la del amor mutuo, porque el que ama al prójimo, ha cumplido ya toda la ley. En efecto, los mandamientos que ordenan: "No cometerás adulterio, no robarás, no matarás, no darás falso testimonio, no codiciarás" y todos los otros, se resumen en éste: "Amarás a tu prójimo como a ti mismo", pues quien ama a su prójimo no le causa daño a nadie. Así pues, cumplir perfectamente la ley consiste en amar.

Palabra de Dios.
R. Te alabamos, Señor.

Evangelio

Hay que aconsejarles a nuestros amigos sobre sus riegues para que salgan de ellos.

Del santo Evangelio según san Mateo 18, 15-20

En aquel tiempo, Jesús dijo a sus discípulos: "Si tu hermano comete un pecado, ve y amonéstalo a solas. Si te escucha, habrás salvado a tu hermano. Si no te hace caso, hazte acompañar de una o dos personas, para que todo lo que se diga conste por boca de dos o tres testigos. Pero si ni así te hace caso, díselo a la comunidad; y si ni a la comunidad le hace caso, apártate de él como de un pagano o de un publicano. Yo les aseguro que todo lo que aten en la tierra, quedará atado en el cielo, y todo lo que desaten en la tierra quedará desatado en el cielo. Yo les aseguro también, que si dos de ustedes se ponen de acuerdo para pedir algo, sea lo que fuere, mi Padre celestial se lo concederá; pues donde dos o tres se reúnen en mi nombre, ahí estoy yo en medio de ellos".

Palabra del Señor.
R. Gloria a ti, Señor Jesús.

Para probar tu INTELIGENCIA

Jesús nos va a enseñar en este y en los siguientes domingos a "jugar en equipo". Es decir, a ser Iglesia y así construir el Reino de los cielos. Va a usar varias parábolas para que se nos active el chip. ¡Ponte aguzadísimo(a)! Primera lección para hacerla como equipo:

(Sección para licenciados)

Todos los licenciados quieren formar el mejor equipo de fut. ¿Qué hacer para que el equipo aprenda a mejorarse más y más cada día?

Tú elige con una (**V**) de ¡Lo elijo! O lo descartas con una (**X**) de ¡¡¡¡Péeeelas!!!!

(   ) Si un compañero se bronquea con el árbitro, hay que gritarle de cosas para que lo expulse.

(   ) Cuando a alguien le guste llegar tarde a entrenar, hay que decirle en buena onda que la puntualidad es muy importante y debe tomar en serio al equipo.

(   ) Al compañero que le gusta lucirse a costa de poner en riesgo el triunfo del equipo, decirle en buen plan que todos son importantes y no sienta que es Chicharito o Messi.

(Sección para comadritas)

¿Cómo consigue un grupo de comadritas verse bailando como princesas en una coreografía y no como brujas gruñonas?

Tú elige con una (**V**) de ¡Lo elijo! O lo descartas con una (**X**) de ¡¡¡¡Péeeelas!!!!

(   ) Animan a las niñas pasaditas de peso a cuidar lo que comen y evitar los chocolates, los helados, las frituras...

(   ) Criticas a todas en lo que se equivocan, no para que se superen, sino para que la maestra me ponga a mi como la primera bailarina y así yo sea la que me luzca.

(   ) Cuando abordamos el error de alguien o del grupo, no es para humillar a nadie, sino para ver cómo lo solucionamos y cómo nos animamos para ser mejores.

Ten paciencia conmigo
y te lo pagaré todo

■ **14 de septiembre** / 24º Domingo Ordinario / **Verde**

1ª Lectura

Perdona lo malo que te hagan, para que puedas pedirle a Dios que te perdone lo que tú hagas.

Del libro del Sirácide (Eclesiástico) 27, 33–28, 9

Cosas abominables son el rencor y la cólera; sin embargo, el pecador se aferra a ellas. El Señor se vengará del vengativo y llevará rigurosa cuenta de sus pecados. Perdona la ofensa a tu prójimo, y así, cuando pidas perdón, se te perdonarán tus pecados. Si un hombre le guarda rencor a otro, ¿le puede acaso pedir la salud al Señor? El que no tiene compasión de un semejante, ¿cómo pide perdón de sus pecados? Cuando el hombre que guarda rencor pide a Dios el perdón de sus pecados, ¿hallará quien interceda por él? Piensa en tu fin y deja de odiar, piensa en la corrupción del sepulcro y guarda los mandamientos. Ten presentes los mandamientos y no guardes rencor a tu prójimo. Recuerda la alianza del Altísimo y pasa por alto las ofensas.

Palabra de Dios.
R. Te alabamos, Señor.

111

Del Salmo 102

R. El Señor es compasivo y misericordioso.

Bendice al Señor, alma mía; que todo mi ser bendiga su santo nombre. Bendice al Señor, alma mía, y no te olvides de sus beneficios. **R.**

El Señor perdona tus pecados y cura tus enfermedades; él rescata tu vida del sepulcro y te colma de amor y de ternura. **R.**

El Señor no nos condena para siempre, ni nos guarda rencor perpetuo. No nos trata como merecen nuestras culpas, ni nos paga según nuestros pecados. **R.**

Como desde la tierra hasta el cielo, así es de grande su misericordia; como un padre es compasivo con sus hijos, así es compasivo el Señor con quien lo ama. **R.**

2ª Lectura

En la vida y en la muerte somos del Señor.

De la carta del apóstol san Pablo a los romanos 14, 7-9

Hermanos: Ninguno de nosotros vive para sí mismo, ni muere para sí mismo. Si vivimos, para el Señor vivimos; y si morimos, para el Señor morimos.

Por lo tanto, ya sea que estemos vivos o que hayamos muerto, somos del Señor. Porque Cristo murió y resucitó para ser Señor de vivos y muertos.

Palabra de Dios.
R. Te alabamos, Señor.

Evangelio

San Pedro le pregunta a Jesús cuántas veces hay que perdonar. Jesús le dice: debes perdonar hasta setenta veces siete.

Del santo Evangelio según san Mateo 18, 21-35

En aquel tiempo, Pedro se acercó a Jesús y le preguntó: "Si mi hermano me ofende, ¿cuántas veces tengo que perdonarlo? ¿Hasta siete veces?" Jesús le contestó: "No sólo hasta siete, sino hasta setenta veces siete". Entonces Jesús les dijo: "El Reino de los cielos es semejante a un rey que quiso ajustar cuentas con sus servidores. El primero que le presentaron le debía muchos millones. Como no tenía con qué pagar, el señor mandó que lo vendieran a él, a su mujer, a sus hijos y todas sus posesiones, para saldar la deuda. El servidor, arrojándose a sus pies, le suplicaba, diciendo: 'Ten paciencia conmigo y te lo pagaré todo'. El rey tuvo lástima de aquel servidor, lo soltó y hasta le perdonó la deuda. Pero, apenas había salido aquel servidor, se encontró con uno de sus compañeros, que le debía poco dinero. Entonces lo agarró por el cuello y casi lo estrangulaba, mientras le decía: 'Págame lo que me debes'. El compañero se le arrodilló y le rogaba: 'Ten paciencia conmigo y te lo pagaré todo'. Pero el otro no quiso escucharlo, sino que fue y lo metió en la cárcel hasta que le pagara la deuda. Al ver lo ocurrido, sus compañeros se llenaron de indignación y fueron a contar al rey lo sucedido. Entonces el señor lo llamó y le dijo: 'Siervo malvado. Te perdoné toda aquella deuda porque me lo suplicaste. ¿No debías tú también haber tenido compasión de tu compañero, como yo tuve compasión de ti?' Y el señor, encolerizado, lo entregó a los verdugos para que no lo soltaran hasta que pagara lo que debía. Pues lo mismo hará mi Padre celestial con ustedes, si cada cual no perdona de corazón a su hermano".

Palabra del Señor.
R. Gloria a ti, Señor Jesús.

PARA AYUDAR A JESÚS

Esta vez está muy fácil ayudar a Jesús. Proponte aprovechar las oportunidades que te dan tus amigos para corregir tus errores y tú también aprende a dejar a un lado tu enojo para volver a ser amigo.

Para probar tu
INTELIGENCIA

"Que nuestros errores no nos derroten"

Segunda lección para hacerla como equipo

¿Cómo consigue un equipo que sus errores no los derroten?

Tú elige con una (V) de ¡Lo elijo! O lo descartas con una (X) de ¡¡¡¡Péeeelas!!!!

( ) Gritándole al que se equivocó en una jugada que es un atarantado y si se pone espeso hasta nos damos de moquetes. Lo importante en un equipo es soltar todas las malas vibras y no el apoyarse para jugar mejor y, si es posible, ganar.

( ) Animando al que se equivocó y decirle que la siguiente sí le va a salir. Cuando un equipo sabe darles seguridad a sus jugadores, se supera y llega a ser un equipo campeón.

( ) Dándole otra oportunidad al que está dispuesto a superar sus fallas. Cuando un equipo les da la oportunidad y la confianza a sus componentes para que se corrijan, los hace crecer y es un equipo campeón.

( ) Cuando un equipo está tan desmotivado que nadie quiere reconocer sus faltas ni están dispuestos a luchar y dar oportunidad para superarlas, ese equipo está ¡¡¡¡Péeeelas!!!!

Esta vez está muy fácil ayudar a Jesús. Proponte aprovechar las oportunidades que te dan tus amigos para corregir tus errores y tú también aprende a dejar a un lado tu enojo para volver a ser amigo.

¿Y en tu vida, de cuáles te gusta ser?

¿De los que juegan para que les aplaudan y por eso quieren ser campeones?

¿De los que juegan para ser cada vez mejores y por eso no se desaniman si alguna vez fallan y nadie los aplaude?

¿De los que buscan que los del equipo y los de los otros equipos sean mejores para obligarse ellos a ser también mejores?

...les pagas lo mismo que a nosotros...

■ **21 de septiembre**
25º Domingo Ordinario / **Verde**

1ª Lectura

Dios piensa de manera muy diferente a nuestros pensamientos vengativos.

Del libro del profeta Isaías 55, 6-9

Busquen al Señor mientras lo pueden encontrar, invóquenlo mientras está cerca; que el malvado abandone su camino, y el criminal, sus planes; que regrese al Señor, y él tendrá piedad; a nuestro Dios, que es rico en perdón.

Mis pensamientos no son los pensamientos de ustedes, sus caminos no son mis caminos, dice el Señor. Porque así como aventajan los cielos a la tierra, así aventajan mis caminos a los de ustedes y mis pensamientos a sus pensamientos.

Palabra de Dios.
R. Te alabamos, Señor.

Del Salmo 144

R. Bendeciré al Señor eternamente.

Un día tras otro bendeciré tu nombre y no cesará mi boca de alabarte. Muy digno de alabanza es el Señor, por ser su grandeza incalculable. **R.**

El Señor es compasivo y misericordioso, lento para enojarse y generoso para perdonar. Bueno es el Señor para con todos y su amor se extiende a todas sus creaturas. **R.**

Siempre es justo el Señor en sus designios y están llenas de amor todas sus obras. No está lejos de aquellos que lo buscan; muy cerca está el Señor, de quien lo invoca. **R.**

Para san Pablo era igual servir a Jesús trabajando acá, o morir para estar con él.

De la carta del apóstol san Pablo a los filipenses 1, 20-24. 27

Hermanos: Ya sea por mi vida, ya sea por mi muerte, Cristo será glorificado en mí. Porque para mí, la vida es Cristo, y la muerte, una ganancia. Pero si el continuar viviendo en este mundo me permite trabajar todavía con fruto, no sabría yo qué elegir. Me hacen fuerza ambas cosas: por una parte, el deseo de morir y estar con Cristo, lo cual, ciertamente, es con mucho lo mejor; y por la otra, el de permanecer en vida, porque esto es necesario para el bien de ustedes. Por lo que a ustedes toca, lleven una vida digna del Evangelio de Cristo.

Palabra de Dios.
R. Te alabamos, Señor.

Evangelio

Parábola del patrón interesado en darle chamba a la gente y los díscolos por la generosidad del patrón

Del santo Evangelio según san Mateo 20, 1-16

En aquel tiempo, Jesús dijo a sus discípulos esta parábola: "El Reino de los cielos es semejante a un propietario que, al amanecer, salió a contratar trabajadores para su viña. Después de quedar con ellos en pagarles un denario por día, los mandó a su viña. Salió otra vez a media mañana, vio a unos que estaban ociosos en la plaza y les dijo: 'Vayan también ustedes a mi viña y les pagaré lo que sea justo'. Salió de nuevo a medio día y a media tarde e hizo lo mismo. Por último, salió también al caer la tarde y encontró todavía a otros que estaban en la plaza y les dijo: '¿Por qué han estado aquí todo el día sin trabajar?' Ellos le respondieron: 'Porque nadie nos ha contratado'. Él les dijo: 'Vayan también ustedes a mi viña'. Al atardecer, el dueño de la viña le dijo a su administrador: 'Llama a los trabajadores y págales su jornal, comenzando por los últimos hasta que llegues a los primeros'. Se acercaron, pues, los que habían llegado al caer la tarde y recibieron un denario cada uno. Cuando les llegó su turno a los primeros, creyeron que recibirían más; pero también ellos recibieron un denario cada uno. Al recibirlo, comenzaron a reclamarle al propietario, diciéndole: 'Esos que llegaron al último sólo trabajaron una hora, y sin embargo, les pagas lo mismo que a nosotros, que soportamos el peso del día y del calor'. Pero él respondió a uno de ellos: 'Amigo, yo no te hago ninguna injusticia. ¿Acaso no quedamos en que te pagaría un denario? Toma, pues, lo tuyo y vete. Yo quiero darle al que llegó al último lo mismo que a ti. ¿Qué no puedo hacer con lo mío lo que yo quiero? ¿O vas a tenerme rencor porque yo soy bueno?' De igual manera, los últimos serán los primeros, y los primeros, los últimos".

Palabra del Señor. R. Gloria a ti, Señor Jesús.

PARA PLATICAR CON DIOS

Señor, dame un corazón tan generoso como el tuyo que se alegre cuando una persona decide colaborar contigo. Que de veras me dé gusto que haya más personas que decidan hacer el bien. Ayúdame a arrancar esas mezquindades por las que me da envidia que otro sea el que hace el bien y no haya sido yo. **Lo que importa es la construcción de tu Reino, no importa quién sea el que en cada momento colabora para levantarlo.**

..."Ya voy, señor", pero no fue...

1ª Lectura

Cuando el pecador se arrepiente, salva su vida.

Del libro del profeta Ezequiel 18, 25-28

Esto dice el Señor: "Si ustedes dicen: 'No es justo el proceder del Señor', escucha, casa de Israel: ¿Conque es injusto mi proceder? ¿No es más bien el proceder de ustedes el injusto? Cuando el justo se aparta de su justicia, comete la maldad y muere; muere por la maldad que cometió. Cuando el pecador se arrepiente del mal que hizo y practica la rectitud y la justicia, él mismo salva su vida. Si recapacita y se aparta de los delitos cometidos, ciertamente vivirá y no morirá".

Palabra de Dios.
R. Te alabamos, Señor.

Del Salmo 24

R. Descúbrenos, Señor, tus caminos.

Descúbrenos, Señor, tus caminos, guíanos con la verdad de tu doctrina. Tú eres nuestro Dios y salvador y tenemos en ti nuestra esperanza. **R.**

Acuérdate, Señor, que son eternos tu amor y tu ternura. Según ese amor y esa ternura, acuérdate de nosotros. **R.**

Porque el Señor es recto y bondadoso indica a los pecadores el sendero, guía por la senda recta a los humildes y descubre a los pobres sus caminos. **R.**

2ª Lectura

El sueño de Dios es que vivamos en plena armonía si tenemos los mismos sentimientos que tuvo Jesús.

De la carta del apóstol san Pablo a los filipenses 2, 1-11

Hermanos: Si alguna fuerza tiene una advertencia en nombre de Cristo, si de algo sirve una exhortación nacida del amor, si nos une el mismo Espíritu y si ustedes me profesan un afecto entrañable, llénenme de alegría teniendo todos una misma manera de pensar, un mismo amor, unas mismas aspiraciones y una sola alma. Nada hagan por espíritu de rivalidad ni presunción; antes bien, por humildad, cada uno considere a los demás como superiores a sí mismo y no busque su propio interés, sino el del prójimo. Tengan los mismos sentimientos que tuvo Cristo Jesús. Cristo, siendo Dios, no consideró que debía aferrarse a las prerrogativas de su condición divina, sino que, por el contrario, se anonadó a sí mismo, tomando la condición de siervo, y se hizo semejante a los hombres. Así, hecho uno de ellos, se humilló a sí mismo y por

obediencia aceptó incluso la muerte, y una muerte de cruz. Por eso Dios lo exaltó sobre todas las cosas y le otorgó el nombre que está sobre todo nombre, para que, al nombre de Jesús, todos doblen la rodilla en el cielo, en la tierra y en los abismos, y todos reconozcan públicamente que Jesucristo es el Señor, para gloria de Dios Padre. *Palabra de Dios.* *R. Te alabamos, Señor.*

Evangelio

El caso del licenciado que le dijo al papá: "Sí voy a chambear". Pero el malvado no fue. Y el del otro que le dijo: "No voy". Pero a la hora de la hora sí fue.

Del santo Evangelio según san Mateo 21, 28-32

En aquel tiempo, Jesús dijo a los sumos sacerdotes y a los ancianos del pueblo: "¿Qué opinan de esto? Un hombre que tenía dos hijos fue a ver al primero y le ordenó: 'Hijo, ve a trabajar hoy en la viña'. Él le contestó: 'Ya voy, señor', pero no fue. El padre se dirigió al segundo y le dijo lo mismo. Éste le respondió: 'No quiero ir', pero se arrepintió y fue. ¿Cuál de los dos hizo la voluntad del padre?" Ellos le respondieron: "El segundo". Entonces Jesús les dijo: "Yo les aseguro que los publicanos y las prostitutas se les han adelantado en el camino del Reino de Dios. Porque vino a ustedes Juan, predicó el camino de la justicia y no le creyeron; en cambio, los publicanos y las prostitutas sí le creyeron; ustedes, ni siquiera después de haber visto, se han arrepentido ni han creído en él".

Palabra del Señor.
R. Gloria a ti, Señor Jesús.

PARA PROBAR TU INTELIGENCIA

Identifica con una línea que una al hijo o quién representa a uno de los dos hijos de la parábola del Evangelio:

El hijo mayor que le dijo al papá que iría y no fue, corresponde a:

El hijo menor que le dijo al papá que no iría, y a la hora de la hora sí fue al campo a trabajar.

- los romanos que le habían expresado a Dios que serían muy respetuosos de la vida humana y de proteger en especial a los pobres y los débiles, y en efecto cumplieron lo que dijeron. Por eso los judíos los querían tanto.

- los paganos que aparentemente le habían expresado a Dios que no lo obedecerían, pero que al escuchar el anuncio del Evangelio se pusieron a vivir como hijos de Dios y a construir su Reino como compañeros de Jesús.

- los judíos que aparentemente habían aceptado, por la Alianza de Abraham, ser el pueblo de Dios, pero al llegar Jesús lo rechazaron.

117

Había una vez...
...un viñedo

■ **5 de octubre** / 27° Domingo Ordinario / **Verde**

1ª Lectura

Dios ve a su pueblo como una viña que ha cuidado con esmero y que produce uvas agrias en la cosecha.

Del libro del profeta Isaías 5, 1-7

Voy a cantar, en nombre de mi amado, una canción a su viña.
Mi amado tenía una viña en una ladera fértil. Removió la tierra, quitó las piedras y plantó en ella vides selectas; edificó en medio una torre y excavó un lagar. Él esperaba que su viña diera buenas uvas, pero la viña dio uvas agrias. Ahora bien, habitantes de Jerusalén y gente de Judá, yo les ruego, sean jueces entre mi viña y yo. ¿Qué más pude hacer por mi viña, que yo no lo hiciera? ¿Por qué cuando yo esperaba que diera uvas buenas, las dio agrias? Ahora voy a darles a conocer lo que

haré con mi viña; le quitaré su cerca y será destrozada. Derribaré su tapia y será pisoteada. La convertiré en un erial, nadie la podará ni le quitará los cardos, crecerán en ella los abrojos y las espinas, mandaré a las nubes que no lluevan sobre ella. Pues bien, la viña del Señor de los ejércitos es la casa de Israel, y los hombres de Judá son su plantación preferida. El Señor esperaba de ellos que obraran rectamente y ellos, en cambio, cometieron iniquidades; él esperaba justicia y sólo se oyen reclamaciones.

Palabra de Dios.   *R. Te alabamos, Señor.*

Del Salmo 79

R. La viña del Señor es la casa de Israel.

Señor, tú trajiste de Egipto una vid, arrojaste de aquí a los paganos y la plantaste; ella extendió sus sarmientos hasta el mar y sus brotes llegaban hasta el río. **R.**

Señor, ¿por qué has derribado su cerca, de modo que puedan saquear tu viña los que pasan, pisotearla los animales salvajes, y las bestias del campo destrozarla? **R.**

Señor, Dios de los ejércitos, vuelve tus ojos, mira tu viña y visítala; protege la cepa plantada por tu mano, el renuevo que tú mismo cultivaste. **R.**

Ya no nos alejaremos de ti; consérvanos la vida y alabaremos tu poder. Restablécenos, Señor, Dios de los ejércitos, míranos con bondad y estaremos a salvo. **R.**

San Pablo les desea a los filipenses y a nosotros que estemos en paz, orando con gratitud, y actuando con justicia y nobleza para que Dios esté con nosotros.

De la carta del apóstol san Pablo a los filipenses 4, 6-9

Hermanos: No se inquieten por nada; más bien presenten en toda ocasión sus peticiones a Dios en la oración y la súplica, llenos de gratitud. Y que la paz de Dios, que sobrepasa toda inteligencia, custodie sus corazones y sus pensamientos en Cristo Jesús. Por lo demás, hermanos, aprecien todo lo que es verdadero y noble, cuanto hay de justo y puro, todo lo que es amable y honroso, todo lo que sea virtud y merezca elogio. Pongan por obra cuanto han aprendido y recibido de mí, todo lo que yo he dicho y me han visto hacer; y el Dios de la paz estará con ustedes.

Palabra de Dios.
R. Te alabamos, Señor.

Evangelio

Jesús también ve a Israel como la viña de Dios cuyos arrendadores matan a los que envía para recibir su parte y que terminarán matando al hijo del dueño.

Del santo Evangelio según san Mateo 21, 33-43

En aquel tiempo, Jesús dijo a los sumos sacerdotes y a los ancianos del pueblo esta parábola: "Había una vez un propietario que plantó un viñedo, lo rodeó con una cerca, cavó un lagar en él, construyó una torre para el vigilante y luego lo alquiló a unos viñadores y se fue de viaje. Llegado el tiempo de la vendimia, envió a sus criados para pedir su parte de los frutos a los viñadores; pero éstos se apoderaron de los criados, golpearon a uno, mataron a otro y a otro más lo apedrearon. Envió de nuevo a otros criados, en mayor número que los primeros, y los trataron del mismo modo.

Por último, les mandó a su propio hijo, pensando: 'A mi hijo lo respetarán'. Pero cuando los viñadores lo vieron, se dijeron unos a otros: 'Éste es el heredero. Vamos a matarlo y nos quedaremos con su herencia'. Le echaron mano, lo sacaron del viñedo y lo mataron. Ahora díganme: cuando vuelva el dueño del viñedo, ¿qué hará con esos viñadores?" Ellos le respondieron: "Dará muerte terrible a esos desalmados y arrendará el viñedo a otros viñadores, que le entreguen los frutos a su tiempo".

Entonces Jesús les dijo: "¿No han leído nunca en la Escritura: *La piedra que desecharon los constructores, es ahora la piedra angular. Esto es obra del Señor y es un prodigio admirable?* Por esta razón les digo que les será quitado a ustedes el Reino de Dios y se le dará a un pueblo que produzca sus frutos".

Palabra del Señor.   *R. Gloria a ti, Señor Jesús.*

Para probar tu INTELIGENCIA

Vista la explicación de la parábola de los viñadores homicidas, viene una pregunta muy importante: ¿La Iglesia entonces siempre va a dar buenos frutos y a entregar siempre buenas cuentas?

Califica con un (**V**) si es correcto lo que se afirma, o con un (**X**), si es falso.

( ) Siempre entregará buenas cuentas. A partir del Bautismo se pierde la libertad y ya no se puede pecar. Los cristianos, al ser bautizados, se vuelven robotitos.

( ) Puede entregar buenas cuentas siempre, por tener la vida de Cristo (**él es la vid**). Esto depende de que usando nuestra libertad seamos fieles a su vida.

conclusión: la Iglesia es santa por tener la vida de Cristo, pero a la vez es pecadora porque por nuestra libertad podemos dejar que la vida de Jesús no dé frutos en nosotros.

De aquí viene la necesidad de estar muy unidos e identificados con Jesús.

Para hablar CON JESÚS

Señor, quiero agradecerte la confianza que nos tienes para que cuidemos que la Iglesia y la humanidad entera, den buenos frutos que rompan la injusticia, superen la violencia, la discriminación, el odio y todo lo que nos mata. **Te pido que nos ayudes a responderte a tan gran confianza.**

Tengo preparado el banquete

■ **12 de octubre** / 28° Domingo Ordinario / **Verde**

1ª Lectura

Frente a tanto dolor humano, Isaías anuncia que Dios vendrá a calmar nuestro dolor y lo anuncia en forma de una fiesta o banquete.

Del libro del profeta Isaías 25, 6-10

En aquel día, el Señor del universo preparará sobre este monte un festín con platillos suculentos para todos los pueblos; un banquete con vinos exquisitos y manjares sustanciosos. Él arrancará en este monte el velo que cubre el rostro de todos los pueblos, el paño que oscurece a todas las naciones. Destruirá la muerte para siempre; el Señor Dios enjugará las lágrimas de todos los rostros y borrará de toda la tierra la afrenta de su pueblo. Así lo ha dicho el Señor. En aquel día se dirá: "Aquí está nuestro Dios, de quien esperábamos que nos salvara. Alegrémonos y gocemos con la salvación que nos trae, porque la mano del Señor reposará en este monte".

Palabra de Dios.
R. Te alabamos, Señor.

Del Salmo 22

R. Habitaré en la casa del Señor toda la vida.

El Señor es mi pastor, nada me falta;
en verdes praderas me hace reposar
y hacia fuentes tranquilas me conduce
para reparar mis fuerzas. **R.**

Por ser un Dios fiel a sus promesas,
me guía por el sendero recto; así,
aunque camine por cañadas oscuras,
nada temo, porque tú estás conmigo.
Tu vara y tu cayado me dan
seguridad. **R.**

Tú mismo me preparas la mesa,
a despecho de mis adversarios;
me unges la cabeza con perfume
y llenas mi copa hasta los bordes. **R.**

Tu bondad y tu misericordia
me acompañarán todos los días
de mi vida; y viviré en la casa
del Señor por años sin término. **R.**

San Pablo expresa que puede enfrentar todos los problemas unido a Jesús.

De la carta del apóstol san Pablo a los filipenses 4, 12-14. 19-20

Hermanos: Yo sé lo que es vivir en pobreza y también lo que es tener de sobra. Estoy acostumbrado a todo: lo mismo a comer bien que a pasar hambre; lo mismo a la abundancia que a la escasez. Todo lo puedo unido a aquel que me da fuerza. Sin embargo, han hecho ustedes bien en socorrerme cuando me vi en dificultades. Mi Dios, por su parte, con su infinita riqueza, remediará con esplendidez todas las necesidades de ustedes, por medio de Cristo Jesús. Gloria a Dios, nuestro Padre, por los siglos de los siglos. Amén.

Palabra de Dios.
R. Te alabamos, Señor.

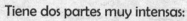

Para ayudar a Jesús

Quiero hacer el propósito de participar todos los domingos en la misa y comulgar.

¡Ah! Y aprovechar esos segundos para decirte que cuentas conmigo, encomendarte a mis papás y a todos mis seres queridos para que los cuides y me enseñes a quererlos. Y también para pedirte por tantas personas que necesitan que tú seas su Pan: que les des paz en sus familias, que les ayudes en sus enfermedades, que tengan trabajo para darles comida a sus hijos...

¡Qué grande es el mundo y qué grande es tu corazón!

Los filipenses fue la primera comunidad formada por san Pablo en Europa, en el norte de Grecia (Macedonia). Los filipenses querían mucho a san Pablo y lo ayudaron con dinero en varias ocasiones. Esta carta es para agradecerles un donativo que recibe cuando está en la cárcel, en Éfeso. En ella se pone a platicar con mucho cariño con los filipenses. Les da varios consejos para animarlos a vivir con alegría la vocación cristiana.

Tiene dos partes muy intensas:

1. En el capítulo 2 (versículos del 6 al 11) transcribe un himno muy bonito a Jesús, donde elogia la generosidad de Jesús al dejar su grandeza divina para compartir nuestra pequeñez humana y redimirnos.

2. En el capítulo 3, se enoja contra los que buscan judaizar a los cristianos de origen griego creyendo que lo importante es cumplir las tradiciones judías y no vivir amándonos como Jesús nos amó.

No cabe duda de que san Pablo quería a muchísimo a Jesús y este amor lo hacía querer muchísimo a la gente.

Evangelio

Historia de los invitados pesados que dejan plantado a Dios y ante eso invita a todo el que quiera ir, por desconocido que sea.

Del santo Evangelio según san Mateo 22, 1-14

En aquel tiempo, volvió Jesús a hablar en parábolas a los sumos sacerdotes y a los ancianos del pueblo, diciendo: "El Reino de los cielos es semejante a un rey que preparó un banquete de bodas para su hijo. Mandó a sus criados que llamaran a los invitados, pero éstos no quisieron ir. Envió de nuevo a otros criados que les dijeran: 'Tengo preparado el banquete; he hecho matar mis terneras y los otros animales gordos; todo está listo. Vengan a la boda'. Pero los invitados no hicieron caso. Uno se fue a su campo, otro a su negocio y los demás se les echaron encima a los criados, los insultaron y los mataron. Entonces el rey se llenó de cólera y mandó sus tropas, que dieron muerte a aquellos asesinos y prendieron fuego a la ciudad. Luego les dijo a sus criados: 'La boda está preparada; pero los que habían sido invitados no fueron dignos. Salgan, pues, a los cruces de los caminos y conviden al banquete de bodas a todos los que encuentren'. Los criados salieron a los caminos y reunieron a todos los que encontraron, malos y buenos, y la sala del banquete se llenó de convidados.

Cuando el rey entró a saludar a los convidados, vio entre ellos a un hombre que no iba vestido con traje de fiesta y le preguntó: 'Amigo, ¿cómo has entrado aquí sin traje de fiesta?' Aquel hombre se quedó callado. Entonces el rey dijo a los criados: 'Átenlo de pies y manos y arrójenlo fuera, a las tinieblas. Allí será el llanto y la desesperación'. Porque muchos son los llamados y pocos los escogidos".

Palabra del Señor.
R. Gloria a ti, Señor Jesús.

Para probar tu INTELIGENCIA

Jesús, quiero agradecerte que me invites, en cada Misa, a mí y a todas las personas a recibirte en la comunión para recordarnos que podemos contar siempre contigo y por eso te haces presente en el pan y en el vino de la Eucaristía.

Además, quiero decirte que la Comunión es una manera muy bonita que tienes para preguntarnos si puedes contar con nosotros. Nos haces ver qué tan importantes has querido que seamos para ti y para tu Reino.

Por lo mismo quiero pedirte que me ayudes a saber responderte a tanta confianza con mis actos. Sobre todo porque me cuesta trabajo a veces no enojarme. Y también me cuesta dejar de jugar con el celular para hacer la tarea, para ayudar a mi mamá o simplemente para convivir con los demás a la hora de la comida. Aunque a veces se me vaya el avión con esto, no dejo de quererte y de desear ser tu apoyo.

¡¡¡¡¡¡¡Gracias por contar conmigo!!!!!!

Vayan, pues, y hagan discípulos...

■ **19 de octubre** / Domingo
mundial de las misiones / **Verde**

1ª Lectura

Mi templo será la casa de oración para todos los pueblos.

Del libro del profeta Isaías 56, 1. 6-7

Esto dice el Señor: "Velen por los derechos de los demás, practiquen la justicia, porque mi salvación está a punto de llegar y mi justicia a punto de manifestarse. A los extranjeros que se han adherido al Señor para servirlo, amarlo y darle culto, a los que guardan el sábado sin profanarlo y se mantienen fieles a mi alianza, los conduciré a mi monte santo y los llenaré de alegría en mi casa de oración. Sus holocaustos y sacrificios serán gratos en mi altar, porque mi templo será la casa de oración para todos los pueblos".

Palabra de Dios.
R. Te alabamos, Señor.

Del Salmo 66

R. Que todos los pueblos conozcan tu bondad.

Ten piedad de nosotros y bendícenos; vuelve, Señor, tus ojos a nosotros. Que conozca la tierra tu bondad y los pueblos tu obra salvadora. **R.**

Las naciones con júbilo te canten, porque juzgas al mundo con justicia; con equidad tú juzgas a los pueblos y riges en la tierra a las naciones. **R.**

La tierra ha producido ya sus frutos, Dios nos ha bendecido. Que nos bendiga Dios y que le rinda honor el mundo entero. **R.**

2ª Lectura

Dios quiere que todos los hombres se salven.

De la primera carta del apóstol san Pablo a Timoteo 2, 1-8

Te ruego, hermano, que ante todo se hagan oraciones, plegarias, súplicas y acciones de gracias por todos los hombres, y en particular, por los jefes de Estado y las demás autoridades, para que podamos llevar una vida tranquila y en paz, entregada a Dios y respetable en todo sentido. Esto es bueno y agradable a Dios, nuestro Salvador, pues él quiere que todos los hombres se salven y todos lleguen al conocimiento de la verdad, porque no hay sino un solo Dios y un solo mediador entre Dios y los hombres, Cristo Jesús, hombre él también, que se entregó como rescate por todos. Él dio testimonio de esto a su debido tiempo y de esto yo he sido constituido, digo la verdad y no miento, pregonero y apóstol para enseñar la fe y la verdad. Quiero, pues, que los hombres, libres de odios y divisiones, hagan oración dondequiera que se encuentren, levantando al cielo sus manos puras.

Palabra de Dios.
R. Te alabamos, Señor.

Evangelio

Jesús nos invita a hacer discípulos a todos los pueblos.

Del santo Evangelio según san Mateo 28, 16-20

En aquel tiempo, los once discípulos se fueron a Galilea y subieron al monte en el que Jesús los había citado. Al ver a Jesús, se postraron, aunque algunos titubeaban. Entonces, Jesús se acercó a ellos y les dijo: "Me ha sido dado todo poder en el cielo y en la tierra. Vayan, pues, y hagan discípulos a todos los pueblos, bautizándolos en el nombre del Padre y del Hijo y del Espíritu Santo, y enseñándoles a cumplir todo cuanto yo les he mandado; y sepan que yo estoy con ustedes todos los días, hasta el fin del mundo".

Palabra del Señor.   R. Gloria a ti, Señor Jesús.

PARA PROBAR TU INTELIGENCIA

Según tu criterio, ¿qué fue lo que más facilitó que México se hiciera cristiano cuando vino la conquista?

Une cada número con la respuesta correspondiente:

1°
2°
3°
4°
5°

- El ejército que traía Hernán Cortés.
- La religiosidad existente entre los pueblos indígenas de México y América.
- La humildad de los padres franciscanos, como la de fray Toribio de Benavente a quien los indígenas llamaban Motolinía ("el Pobre") porque era tan pobre o más que ellos.
- La aparición de la imagen de la Virgen de Guadalupe en el ayate de Juan Diego y su mirada tierna y dulce, llena de consuelo y dulzura, para hacernos sentir a todos que somos sus niños y habitantes de una misma nación.
- La labor evangelizadora y civilizadora de los padres franciscanos, dominicos, agustinos y jesuitas.
- Las grandes figuras evangelizadoras como la de fray Juan de Zumárraga (obispo de la Ciudad de México que vive las apariciones de la Virgen de Guadalupe), el padre Kino S.J. (evangelizador de Sonora y Arizona), padre Junípero Serra OFM (evangelizador de la Alta California)...

Amarás al Señor, tu Dios...

■ **26 de octubre** / 30° Domingo Ordinario / **Verde**

1ª Lectura

Dios está en contra de la violencia, la explotación, la usura y el despojo.

Del libro del Éxodo 22, 20-26

Esto dice el Señor a su pueblo: "No hagas sufrir ni oprimas al extranjero, porque ustedes fueron extranjeros en Egipto. No explotes a las viudas ni a los huérfanos, porque si los explotas y ellos claman a mí, ciertamente oiré yo su clamor; mi ira se encenderá, te mataré a espada, tus mujeres quedarán viudas y tus hijos, huérfanos. Cuando prestes dinero a uno de mi pueblo, al pobre que está contigo, no te portes con él como usurero, cargándole intereses.

Si tomas en prenda el manto de tu prójimo, devuélveselo antes de que se ponga el sol, porque no tiene otra cosa con qué cubrirse; su manto es su único cobertor y si no se lo devuelves, ¿cómo va a dormir? Cuando él clame a mí, yo lo escucharé, porque soy misericordioso".

Palabra de Dios.
R. Te alabamos, Señor.

Del Salmo 17

R. Tú, Señor, eres mi refugio.

Yo te amo, Señor, tú eres mi fuerza, el Dios que me protege y me libera. **R.**

Tú eres mi refugio, mi salvación, mi escudo, mi castillo. Cuando invoqué al Señor de mi esperanza, al punto me libró de mi enemigo. **R.**

Bendito seas, Señor, que me proteges; que tú, mi salvador, seas bendecido. Tú concediste al rey grandes victorias y mostraste tu amor a tu elegido. **R.**

San Pablo se alegra de que se deje a los ídolos, para convertirse a Dios y vivir en la esperanza del regreso de Jesús.

De la primera carta del apóstol san Pablo a los tesalonicenses 1, 5-10

Hermanos: Bien saben cómo hemos actuado entre ustedes para su bien. Ustedes, por su parte, se hicieron imitadores nuestros y del Señor, pues en medio de muchas tribulaciones y con la alegría que da el Espíritu Santo, han aceptado la palabra de Dios en tal forma, que han llegado a ser ejemplo para todos los creyentes de Macedonia y Acaya, porque de ustedes partió y se ha difundido la palabra del Señor; y su fe en Dios ha llegado a ser conocida, no sólo en Macedonia y Acaya, sino en todas partes; de tal manera, que nosotros ya no teníamos necesidad de decir nada. Porque ellos mismos cuentan de qué manera tan favorable nos acogieron ustedes y cómo, abandonando los ídolos, se convirtieron al Dios vivo y verdadero para servirlo, esperando que venga desde el cielo su Hijo, Jesús, a quien él resucitó de entre los muertos, y es quien nos libra del castigo venidero.

Palabra de Dios.   *R. Te alabamos, Señor.*

Evangelio

Amarás al Señor, tu Dios, y a tu prójimo como a ti mismo.

Del santo Evangelio según san Mateo 22, 34-40

En aquel tiempo, habiéndose enterado los fariseos de que Jesús había dejado callados a los saduceos, se acercaron a él. Uno de ellos, que era doctor de la ley, le preguntó para ponerlo a prueba: "Maestro, ¿cuál es el mandamiento más grande de la ley?" Jesús le respondió: *"Amarás al Señor, tu Dios, con todo tu corazón, con toda tu alma y con toda tu mente.* Éste es el más grande y el primero de los mandamientos. Y el segundo es semejante a éste: *Amarás a tu prójimo como a ti mismo.* En estos dos mandamientos se fundan toda la ley y los profetas".

Palabra del Señor.   *R. Gloria a ti, Señor Jesús.*

PARA PLATICAR CON DIOS

Hoy, Señor, quiero agradecerte que me pidas lo que más me gusta: que quiera a mis seres queridos, mis prójimos más próximos: mi papá, mi mamá, mis abues, mis hermanos, mis amigos, mis maestros. Y también a todos los que tú pones cerca de mí. Ayúdame a disfrutar tu deseo: hazme ver algo de mi presente en ellos, algo que me haga sentirlos también míos. Pinta en sus rostros una sonrisa, una expresión cercana, un rostro transparente... o unos ojos que tiendan un puente, un rostro que transparente sus almas.

Y dame a mí también una mirada abierta a su corazón.

PARA AYUDAR A JESÚS

Esta semana me propongo ayudar a Jesús pidiéndole por todos mis compañeros del salón de clase. Por los que son mis más amigos, por los que casi no me llevo con ellos o me resulta difícil tratarlos.

El día empieza por un rayito de luz y la amistad, por una sonrisa.

"Vengan, benditos de mi Padre"

■ **2 de noviembre** / Todos los fieles difuntos / **Blanco o morado**

1ª Lectura

Las almas de los justos están en las manos de Dios como un regalo agradable a su corazón.

Del libro de la Sabiduría 3, 1-9

Las almas de los justos están en las manos de Dios y no los alcanzará ningún tormento. Los insensatos pensaban que los justos habían muerto, que su salida de este mundo era una desgracia y su salida de entre nosotros, una completa destrucción. Pero los justos están en paz. La gente pensaba que sus sufrimientos eran un castigo, pero ellos esperaban confiadamente la inmortalidad.

Después de breves sufrimientos recibirán una abundante recompensa, pues Dios los puso a prueba y los halló dignos de sí. Los probó como oro en el crisol y los aceptó como un holocausto agradable. En el día del juicio brillarán los justos como chispas que se propagan en un cañaveral. Juzgarán a las naciones y dominarán a los pueblos, y el Señor reinará eternamente sobre ellos.

Los que confían en el Señor comprenderán la verdad y los que son fieles a su amor permanecerán a su lado, porque Dios ama a sus elegidos y cuida de ellos.

Palabra de Dios.
R. Te alabamos, Señor.

Del Salmo 26

R. Espero ver la bondad del Señor.

El Señor es mi luz y mi salvación, ¿a quién voy a tenerle miedo? El Señor es la defensa de mi vida, ¿quién podrá hacerme temblar? **R.**

Lo único que pido, lo único que busco es vivir en la casa del Señor toda mi vida, para disfrutar las bondades del Señor y estar continuamente en su presencia. **R.**

Oye, Señor, mi voz y mis clamores y tenme compasión. El corazón me dice que te busque y buscándote estoy. No rechaces con cólera a tu siervo. **R.**

La bondad del Señor espero ver en esta misma vida. Ármate de valor y fortaleza y en el Señor confía. **R.**

Estamos seguros de haber pasado de la muerte a la vida, porque amamos a nuestros hermanos.

De la primera carta del apóstol san Juan 3, 14-16

Hermanos: Nosotros estamos seguros de haber pasado de la muerte a la vida, porque amamos a nuestros hermanos. El que no ama permanece en la muerte. El que odia a su hermano es un homicida y bien saben ustedes que ningún homicida tiene la vida eterna.

Conocemos lo que es el amor, en que Cristo dio su vida por nosotros. Así también debemos nosotros dar la vida por nuestros hermanos.

Palabra de Dios.   *R. Te alabamos, Señor.*

Evangelio

En el juicio final Jesús dirá a la gente que vio por el necesitado: "Vengan, benditos de mi Padre".

Del santo Evangelio según san Mateo 25, 31-46

En aquel tiempo, Jesús dijo a sus discípulos: "Cuando venga el Hijo del hombre, rodeado de su gloria, acompañado de todos sus ángeles, se sentará en su trono de gloria. Entonces serán congregadas ante él todas las naciones, y él apartará a los unos de los otros, como aparta el pastor a las ovejas de los cabritos, y pondrá a las ovejas a su derecha y a los cabritos a su izquierda.

Entonces dirá el rey a los de su derecha: 'Vengan, benditos de mi Padre; tomen posesión del Reino preparado para ustedes desde la creación del mundo; porque estuve hambriento y me dieron de comer, sediento y me dieron de beber, era forastero y me hospedaron, estuve desnudo y me vistieron, enfermo y me visitaron, encarcelado y fueron a verme'. Los justos le contestarán entonces: 'Señor, ¿cuándo te vimos hambriento y te dimos de comer, sediento y te dimos de beber? ¿Cuándo te vimos de forastero y te hospedamos, o desnudo y te vestimos? ¿Cuándo te vimos enfermo o encarcelado y te fuimos a ver?' Y el rey les dirá: 'Yo les aseguro que, cuando lo hicieron con el más insignificante de mis hermanos, conmigo lo hicieron'.

Entonces dirá también a los de la izquierda: 'Apártense de mí, malditos; vayan al fuego eterno, preparado para el diablo y sus ángeles; porque estuve hambriento y no me dieron de comer, sediento y no me dieron de beber, era forastero y no me hospedaron, estuve desnudo y no me vistieron, enfermo y encarcelado y no me visitaron'. Entonces ellos le responderán: 'Señor, ¿cuándo te vimos hambriento o sediento, de forastero o desnudo, enfermo o encarcelado y no te asistimos?' Y él les replicará: 'Yo les aseguro que, cuando no lo hicieron con uno de aquellos más insignificantes tampoco lo hicieron conmigo'. Entonces irán éstos al castigo eterno y los justos a la vida eterna". *Palabra del Señor.* R. *Gloria a ti, Señor Jesús.*

Para platicar
CON DIOS

SEÑOR, en este día en que celebramos en la Iglesia a nuestros hermanos que ya se encuentran en tu casa, quiero agradecerte por todo el bien y el cariño que nos dejaron en sus vidas.

Muchos niños tenemos que agradecerte el cuidado y los chiqueos de algún abuelito, los ratos de juego y alegría que tuvimos con algún tío, amigo, conocido que ahora ya está contigo.

Llénalos de tu cariño ahora que los tienes tú para que sean muy felices.

Pero también en este día hay muchas personas en México que lloran por un ser querido desaparecido y de quien no se sabe qué fue de él. ¿Lo secuestrarían? ¿Estará en una cárcel clandes-

tina? ¿Quedaría muerto en una zanja muy lejos de sus papás y de sus seres queridos?

Como ves, Jesús, esto es muy doloroso para muchas familias.

Por eso, junto a mi acción de gracias por tanta gente buena que se ha ido de nuestro lado y ya está en tu casa, hoy te quiero pedir por todos aquellos que no sabemos dónde están.

Y junto con nuestra oración por todos los que están desaparecidos, te quiero pedir porque la celebración de nuestros fieles difuntos, nos haga cuidar la vida y todo aquello que la llena de paz.

Para probar tu
INTELIGENCIA

Con tu ojo de águila puedes ver que Jesús recibe en su Reino a tooooodos los que fueron capaces de darle vida a los demás, y deja fuera a los que, encerrados en sí mismos, no se la dieron a los que la necesitaban.

Tú juzga qué acciones dan vida (V) y cuáles no la dan y por lo tanto hacen que uno esté ¡¡¡¡Péeeeelas!!!! (P):

(   ) ayudar a la mamá con la limpieza de la casa para que ella no se canse y vea que apreciamos su trabajo.

(   ) tirar los papeles de las envolturas, las bolsas de plástico, las botellas vacías de agua o refresco... en el piso, aunque se vea el basurero que voy dejando y se tape, con los desechos, el drenaje.

(   ) compartir mis juguetes y ponerme a jugar con mis hermanos y amigos, para que no sólo yo me divierta o me ponga de presumido de que tengo los mejores juguetes.

(   ) servirme más de la comida que voy a comer, aunque no me la acabe y se desperdicie.

...no conviertan en mercado
la casa de mi Padre

■ **9 de noviembre** / Dedicación de la Basílica de Letrán / **Blanco**

1ª Lectura

El profeta Ezequiel anuncia la purificación del templo de Jerusalén, gracias a lo cual ve salir, de él, agua que daba vida y fertilidad.

Del libro del profeta Ezequiel 47, 1-2. 8-9. 12

En aquellos tiempos, un hombre me llevó a la entrada del templo. Por debajo del umbral manaba agua hacia el oriente, pues el templo miraba hacia el oriente, y el agua bajaba por el lado derecho del templo, al sur del altar. Luego me hizo salir por el pórtico del norte y dar la vuelta hasta el pórtico que mira hacia el oriente, y el agua corría por el lado derecho.

Aquel hombre me dijo: "Estas aguas van hacia la región oriental; bajarán hasta el Arabá, entrarán en el mar de aguas saladas y lo sanearán. Todo ser viviente que se mueva por donde pasa el torrente, vivirá; habrá peces en abundancia, porque los lugares a donde lleguen estas aguas quedarán saneados y por dondequiera que el torrente pase, prosperará la vida. En ambas márgenes del torrente crecerán árboles frutales de toda especie, de follaje perenne e inagotables frutos.

Darán frutos nuevos cada mes, porque los riegan las aguas que manan del santuario. Sus frutos servirán de alimento y sus hojas, de medicina".

Palabra de Dios.   *R. Te alabamos, Señor.*

Del Salmo 45

**R. Un río alegra
a la ciudad de Dios.**

Dios es nuestro refugio y nuestra fuerza, quien en todo peligro nos socorre. Por eso no tememos, aunque tiemble, y aunque al fondo del mar caigan los montes. **R.**

Un río alegra a la ciudad de Dios, su morada el Altísimo hace santa. Teniendo a Dios, Jerusalén no teme, porque Dios la protege desde el alba. **R.**

Con nosotros está Dios, el Señor; es el Dios de Israel nuestra defensa. Vengan a ver las cosas sorprendentes que ha hecho el Señor sobre la tierra. **R.**

2ª Lectura

San Pablo les dice a los corintios y a nosotros que somos el templo vivo de Dios, cuyo cimiento es Cristo.

De la primera carta del apóstol san Pablo a los corintios 3, 9-11. 16-17

Hermanos: Ustedes son la casa que Dios edifica. Yo, por mi parte, correspondiendo al don que Dios me ha concedido, como un buen arquitecto, he puesto los cimientos; pero es otro quien construye sobre ellos. Que cada uno se fije cómo va construyendo. Desde luego el único cimiento válido es Jesucristo y nadie puede poner otro distinto. ¿No saben acaso ustedes que son el templo de Dios y que el Espíritu de Dios habita en ustedes? Quien destruye el templo de Dios, será destruido por Dios, porque el templo de Dios es santo y ustedes son ese templo.

Palabra de Dios.
R. Te alabamos, Señor.

PARA PLATICAR CON DIOS

Señor, quiero agradecerte que nos reúnas con tu cariño para hacernos el templo vivo y nos encargues hacerte presente.

Por ello te pido que nos hagas estar muy unidos apoyándonos y ayudándonos para ser la casa viva que invite a todos los seres humanos de buena voluntad, a vivir en paz y armonía como auténticos hijos de tu generosidad.

Evangelio

Al expulsar a los vendedores del templo, Jesús está realizando la profecía de Ezequiel de la purificación del templo, y a la vez anuncia que él es el templo que crucificarán y que se reedificará (resucitará) en tres días.

Del santo Evangelio según san Juan 2, 13-22

Cuando se acercaba la Pascua de los judíos, Jesús llegó a Jerusalén y encontró en el templo a los vendedores de bueyes, ovejas y palomas, y a los cambistas con sus mesas. Entonces hizo un látigo de cordeles y los echó del templo, con todo y sus ovejas y bueyes; a los cambistas les volcó las mesas y les tiró al suelo las monedas; y a los que vendían palomas les dijo: "Quiten todo de aquí y no conviertan en un mercado la casa de mi Padre". En ese momento, sus discípulos se acordaron de lo que estaba escrito: *El celo de tu casa me devora.*

Después intervinieron los judíos para preguntarle: "¿Qué señal nos das de que tienes autoridad para actuar así?" Jesús les respondió: "Destruyan este templo y en tres días lo reconstruiré". Replicaron los judíos: "Cuarenta y seis años se ha llevado la construcción del templo, ¿y tú lo vas a levantar en tres días?" Pero él hablaba del templo de su cuerpo. Por eso, cuando resucitó Jesús de entre los muertos, se acordaron sus discípulos de que había dicho aquello y creyeron en la Escritura y en las palabras que Jesús había dicho.

Palabra del Señor.   *R. Gloria a ti, Señor Jesús.*

Para probar tu INTELIGENCIA

Vamos a ver si Jesús supo decir las cosas con claridad. Pon una (V), si la expresión es verdadera o un (X) tache, si es falsa.

EL templo vivo de DIOS:

(   ) son las iglesias (los edificios con altares, campanas, imágenes, etcétera).

(   ) es el templo de Jerusalén.

(   ) somos nosotros que, como piedras vivas, nos unimos con Jesús, que es el cimiento donde se hace presente la generosidad que Dios nos tiene al hacernos sus hijos y encargarnos de hacerlo presente con nuestras vidas.

(   ) es cualquier lugar del mundo, pues Dios está en todas partes.

Te felicito, siervo bueno y fiel

■ **16 de noviembre** / 33er Domingo ordinario / **Verde**

Reconocimiento a la esposa chambeadora y de corazón generoso.

Del libro de los Proverbios 31, 10-13. 19-20. 30-31

Dichoso el hombre que encuentra una mujer hacendosa: muy superior a las perlas es su valor. Su marido confía en ella y, con su ayuda, él se enriquecerá; todos los días de su vida le procurará bienes y no males. Adquiere lana y lino y los trabaja con sus hábiles manos. Sabe manejar la rueca y con sus dedos mueve el huso; abre sus manos al pobre y las tiende al desvalido. Son engañosos los encantos y vana la hermosura; merece alabanza la mujer que teme al Señor. Es digna de gozar del fruto de sus trabajos y de ser alabada por todos.

Palabra de Dios.   *R. Te alabamos, Señor.*

Del Salmo 127

R. Dichoso el que teme al Señor.

Dichoso el que teme al Señor y sigue sus caminos: comerá del fruto de su trabajo, será dichoso, le irá bien. **R.**

Su mujer como vid fecunda en medio de su casa; sus hijos, como renuevos de olivo, alrededor de su mesa. **R.**

Ésta es la bendición del hombre que teme al Señor: "Que el Señor te bendiga desde Sión, que veas la prosperidad de Jerusalén, todos los días de tu vida". **R.**

2ª Lectura

Tenemos que andar despiertos para que cuando venga un gran problema no nos sorprenda como un ladrón.

De la primera carta del apóstol san Pablo a los tesalonicenses 5, 1-6

Hermanos: Por lo que se refiere al tiempo y a las circunstancias de la venida del Señor, no necesitan que les escribamos nada, puesto que ustedes saben perfectamente que el día del Señor llegará como un ladrón en la noche. Cuando la gente esté diciendo: "¡Qué paz y qué seguridad tenemos!", de repente vendrá sobre ellos la catástrofe, como de repente le vienen a la mujer encinta los dolores del parto, y no podrán escapar. Pero a ustedes, hermanos, ese día no los tomará por sorpresa, como un ladrón, porque ustedes no viven en tinieblas, sino que son hijos de la luz y del día, no de la noche y las tinieblas. Por lo tanto, no vivamos dormidos, como los malos; antes bien, mantengámonos despiertos y vivamos sobriamente.

Palabra de Dios.   *R. Te alabamos, Señor.*

Evangelio

¡Aguzados! Que cuando tengamos que entregarle cuentas de nuestras vidas a Jesús nos diga: "Porque has sido fiel en cosas de poco valor, entra a tomar parte en la alegría de tu señor".

Del santo Evangelio según san Mateo 25, 14-30

En aquel tiempo, Jesús dijo a sus discípulos esta parábola: "El Reino de los cielos se parece también a un hombre que iba a salir de viaje a tierras lejanas; llamó a sus servidores de confianza y les encargó sus bienes. A uno le dio cinco millones; a otro, dos; y a un tercero, uno, según la capacidad de cada uno, y luego se fue. El que recibió cinco millones fue enseguida a negociar con ellos y ganó otros cinco. El que recibió dos hizo lo mismo y ganó otros dos. En cambio, el que recibió un millón hizo un hoyo en la tierra y allí escondió el dinero de su señor. Después de mucho tiempo regresó aquel hombre y llamó a cuentas a sus servidores. Se acercó el que había recibido cinco millones y le presentó otros cinco, diciendo: 'Señor, cinco millones me dejaste; aquí tienes otros cinco, que con ellos he ganado'. Su señor le dijo: 'Te felicito, siervo bueno y fiel. Puesto que has sido fiel en cosas de poco valor, te confiaré cosas de mucho valor. Entra a tomar parte en la alegría de tu señor'. Se acercó luego el que había recibido dos millones y le dijo: 'Señor, dos millones me dejaste; aquí tienes otros dos, que con ellos he ganado'. Su señor le dijo: 'Te felicito, siervo bueno y fiel. Puesto que has sido fiel en cosas de poco valor, te confiaré cosas de mucho valor. Entra a tomar parte en la alegría de tu señor'. Finalmente, se acercó el que había recibido un millón y le dijo: 'Señor, yo sabía que eres un hombre duro, que quieres cosechar lo que no has plantado y recoger lo que no has sembrado. Por eso tuve miedo y fui a esconder tu millón bajo tierra. Aquí tienes lo tuyo'.

El señor le respondió: 'Siervo malo y perezoso. Sabías que cosecho lo que no he plantado y recojo lo que no he sembrado. ¿Por qué, entonces, no pusiste mi dinero en el banco para que, a mi regreso, lo recibiera yo con intereses? Quítenle el millón y dénselo al que tiene diez. Pues al que tiene se le dará y le sobrará; pero al que tiene poco, se le quitará aun eso poco que tiene. Y a este hombre inútil, échenlo fuera, a las tinieblas. Allí será el llanto y la desesperación' ".

Palabra del Señor.   *R. Gloria a ti, Señor Jesús.*

PARA PROBAR TU INTELIGENCIA

¡Hay que poner a producir tooooooodas nuestras cualidades para construir el Reino de los cielos... pero ya!

Vamos a ver qué tanto ojo crítico tienes para descubrir el mensaje de esta parábola de Jesús. Une con una línea al personaje que está en la lista con lo que representa en esta "Parábola de los talentos".

El Rey •

El que recibe cinco millones •

El que recibe dos millones •

El que recibe un millón •

• Es el licenciado o comadrita que tiene muchas capacidades y por eso se le dan más responsabilidades. ¡Y sabe duplicar lo que ha recibido!

• Este licenciado o comadrita, la verdad, es bien zacatón. En lugar de confiar en que lo que se le confiaba estaba en proporción a sus capacidades, va y... Por eso. Al entregar cuentas, Jesús le dice: ¡¡¡Estás PÉEEEEEEELAS!

• Es el mismo Jesús que nos deja encargado nuestro mundo para que multipliquemos en él nuestras cualidades para mejorarlo.

• Este licenciado o comadrita no tiene tantas capacidades y por eso Jesús le da menos responsabilidades. ¡Y también sabe duplicar lo que ha recibido!

¿Y tú, cuál de los tres licenciados o comadritas quieres ser?

PARA PLATICAR CON DIOS

Hoy quiero agradecerte, Jesús, que me tengas tanta confianza como para pedirme que multiplique tooooooodas las cualidades que me has dado para ayudarte a construir tu Reino.

Que te ayude a cuidar la naturaleza para que sea nuestra casa y no un basurero donde la contaminación, la basura y la destrucción de los árboles va matando la vida y su alegría

Que aprenda a ser respetuoso con las demás personas, en especial si son niños más chiquitos, o son cieguitos, o tienen algún otro problema; como tú

me has dado el respeto de mi familia y en mi colegio.

Y no es por nada, pero también quiero pedirte por todos los licenciados y comadritas que entierran sus monedas. Por los que dicen que primero se arregle el mundo, su familia, la Iglesia... y después "verán" si hacen algo para que nuestro mundo, su familia y la Iglesia sean algo mejor.

Me despido de ti, con mucha gratitud y cariño.

...benditos de mi Padre; tomen
posesión del Reino

■ **23 de noviembre** / Nuestro Señor Jesucristo, Rey del universo / **Blanco**

1ª Lectura

Ezequiel anuncia cómo vendrá Jesús a juzgar entre oveja y oveja, entre carneros y machos cabríos.

Del libro del profeta Ezequiel 34, 11-12. 15-17

Esto dice el Señor Dios: "Yo mismo iré a buscar a mis ovejas y velaré por ellas. Así como un pastor vela por su rebaño cuando las ovejas se encuentran dispersas, así velaré yo por mis ovejas e iré por ellas a todos los lugares por donde se dispersaron un día de niebla y oscuridad. Yo mismo apacentaré a mis ovejas, yo mismo las haré reposar, dice el Señor Dios. Buscaré a la oveja perdida y haré volver a la descarriada; curaré a la herida, robusteceré a la débil, y a la que está gorda y fuerte, la cuidaré. Yo las apacentaré con justicia. En cuanto a ti, rebaño mío, he aquí que yo voy a juzgar entre oveja y oveja, entre carneros y machos cabríos".

Palabra de Dios.
R. Te alabamos, Señor.

137

Del Salmo 22

R. El Señor es mi pastor, nada me faltará.

El Señor es mi pastor,
nada me falta;
en verdes praderas
me hace reposar y hacia
fuentes tranquilas me
conduce para reparar
mis fuerzas. **R.**

Tú mismo me preparas
la mesa, a despecho de
mis adversarios; me unges
la cabeza con perfume y
llenas mi copa hasta los
bordes. **R.**

Tu bondad y tu misericordia me acompañarán todos los días de mi vida; y
viviré en la casa del Señor
por años sin término. **R.**

2ª Lectura

Cristo le entregará el Reino a su Padre para que Dios sea todo en todas las cosas.

De la primera carta del apóstol san Pablo a los corintios 15, 20-26. 28

Hermanos: Cristo resucitó, y resucitó como la primicia de todos los muertos. Porque si por un hombre vino la muerte, también por un hombre vendrá la resurrección de los muertos.

En efecto, así como en Adán todos mueren, así en Cristo todos volverán a la vida; pero cada uno en su orden: primero Cristo, como primicia; después, a la hora de su advenimiento, los que son de Cristo.

Enseguida será la consumación, cuando, después de haber aniquilado todos los poderes del mal, Cristo entregue el Reino a su Padre. Porque él tiene que reinar hasta que el Padre ponga bajo sus pies a todos sus enemigos. El último de los enemigos en ser aniquilado, será la muerte. Al final, cuando todo se le haya sometido, Cristo mismo se someterá al Padre, y así Dios será todo en todas las cosas.

Palabra de Dios.   *R. Te alabamos, Señor.*

Evangelio

Jesús anuncia cómo se sentará en su trono de gloria y apartará a los unos de los otros para recibir en su gloria a los que lo ayudaron a auxiliar a los más pequeños.

Del santo Evangelio según san Mateo 25, 31-46

En aquel tiempo, Jesús dijo a sus discípulos: "Cuando venga el Hijo del hombre, rodeado de su gloria, acompañado de todos sus ángeles, se sentará en su trono de gloria. Entonces serán congregadas ante él todas las naciones, y él apartará a los unos de los otros, como aparta el pastor a las ovejas de los cabritos, y pondrá a las ovejas a su derecha y a los cabritos a su izquierda.

Entonces dirá el rey a los de su derecha: 'Vengan, benditos de mi Padre; tomen posesión del Reino preparado para ustedes desde la creación del mundo; porque estuve hambriento y me dieron de comer, sediento y me dieron de beber, era forastero y me hospedaron, estuve desnudo y me vistieron, enfermo y me visitaron, encarcelado y fueron a verme'. Los justos le contestarán entonces: 'Señor, ¿cuándo te vimos hambriento y te dimos de comer, sediento y te dimos de beber? ¿Cuándo te vimos de forastero y te hospedamos, o desnudo y te vestimos? ¿Cuándo te vimos enfermo o encarcelado y te fuimos a ver?' Y el rey les dirá: 'Yo les aseguro que, cuando lo hicieron con el más insignificante de mis hermanos, conmigo lo hicieron'.

Entonces dirá también a los de la izquierda: 'Apártense de mí, malditos; vayan al fuego eterno, preparado para el diablo y sus ángeles; porque estuve hambriento y no me dieron de comer, sediento y no me dieron de beber, era forastero y no me hospedaron, estuve desnudo y no me vistieron, enfermo y encarcelado y no me visitaron'. Entonces ellos le responderán: 'Señor, ¿cuándo te vimos hambriento o sediento, de forastero o desnudo, enfermo o encarcelado y no te asistimos?' Y él les replicará: 'Yo les aseguro que, cuando no lo hicieron con uno de aquellos más insignificantes, tampoco lo hicieron conmigo'. Entonces irán éstos al castigo eterno y los justos a la vida eterna".

Palabra del Señor.   *R. Gloria a ti, Señor Jesús.*

Para probar tu
INTELIGENCIA

Dos maneras de ver la vida: los de la derecha y los de la izquierda.

Vamos a ver qué tan ojo de águila tienes para situar a los de la derecha y a los de la izquierda. **Le pones una (D) a los que están a la Derecha porque son buena onda, y una (I) a los de la Izquierda.** Puedes pedir que te ayuden tus papás o alguna abue *cool*.

( ) como dice el dicho: "El que no transa (roba) no avanza".

( ) "Hay que ayudarnos". Como se dice entre amigos: "Ahora lo hago por ti, mañana lo harás por mí".

( ) "Hay que sacar provecho de los tontos". Como dice el dicho: "Camarón que se duerme, se lo lleva la corriente".

( ) "Hay que ser justos": porque si hay favoritismos, caemos en eso de que: "Lo que no es parejo, entonces es chipotudo".

( ) "Hay que buscar a alguien más chico para aprovecharnos de él. Hay que recordar: "El pez grande se come al chico".

( ) que tu medida sea: "Trata al otro como quisieras que te traten a ti".

Para ayudar a Jesús

Un buen paso para evitar la ambición propia es:

Piensa que la ropa de marca no es necesaria.
Lo importante de la ropa es que se vea limpia y sea cómoda.

El diablito empieza su labor en nosotros haciéndonos "exigentes". **Luego nos hace intransigentes y luego nos hace insoportables.**

Velen

y estén preparados

■ **30 de noviembre** / 1ᵉʳ Domingo de Adviento / **Morado**
(Inicia nuevo Año litúrgico, Ciclo "B")

1ª Lectura

El profeta Isaías le pide a Dios envíe al Mesías.

Del libro del profeta Isaías 63, 16-17. 19; 64, 2-7

Tú, Señor, eres nuestro padre y nuestro redentor; ése es tu nombre desde siempre. ¿Por qué, Señor, nos has permitido alejarnos de tus mandamientos y dejas endurecer nuestro corazón hasta el punto de no temerte? Vuélvete, por amor a tus siervos, a las tribus que son tu heredad. Ojalá rasgaras los cielos y bajaras, estremeciendo las montañas con tu presencia. Descendiste y los montes se estremecieron con tu presencia. Jamás se oyó decir, ni nadie vio jamás que otro Dios, fuera de ti, hiciera tales cosas en favor de los que esperan en él. Tú sales al encuentro del que practica alegremente la justicia y no pierde de vista tus mandamientos. Estabas airado porque nosotros pecábamos y te éramos siempre rebeldes. Todos éramos impuros y nuestra justicia era como trapo asqueroso; todos estábamos marchitos, como las hojas, y nuestras culpas nos arrebataban, como el viento. Nadie invocaba tu nombre, nadie se levantaba para refugiarse en ti, porque nos ocultabas tu rostro y nos dejabas a merced de nuestras culpas. Sin embargo, Señor, tú eres nuestro padre; nosotros somos el barro y tú el alfarero; todos somos hechura de tus manos.

Palabra de Dios.
R. Te alabamos, Señor.

Del Salmo 79

R. Señor, muéstranos tu favor y sálvanos.

Escúchanos, pastor de Israel; tú, que estás rodeado de querubines, manifiéstate, despierta tu poder y ven a salvarnos. **R.**

Señor, Dios de los ejércitos, vuelve tus ojos, mira tu viña y visítala; protege la cepa plantada por tu mano, el renuevo que tú mismo cultivaste. **R.**

Que tu diestra defienda al que elegiste, al hombre que has fortalecido. Ya no nos alejaremos de ti; consérvanos la vida y alabaremos tu poder. **R.**

2ª Lectura

Esperamos al Señor Jesús.

De la primera carta del apóstol san Pablo a los corintios 1, 3-9

Hermanos: Les deseo la gracia y la paz de parte de Dios, nuestro Padre, y de Cristo Jesús, el Señor. Continuamente agradezco a mi Dios los dones divinos que les ha concedido a ustedes por medio de Cristo Jesús, ya que por él los ha enriquecido con abundancia en todo lo que se refiere a la palabra y al conocimiento; porque el testimonio que damos de Cristo ha sido confirmado

en ustedes a tal grado, que no carecen de ningún don, ustedes, los que esperan la manifestación de nuestro Señor Jesucristo. Él los hará permanecer irreprochables hasta el fin, hasta el día de su advenimiento. Dios es quien los ha llamado a la unión con su Hijo Jesucristo, y Dios es fiel.

Palabra de Dios.
R. Te alabamos, Señor.

Evangelio

Estén pendientes pues no saben a qué hora va a llegar el tiempo de Jesús.

Del santo Evangelio según san Marcos 13, 33-37

En aquel tiempo, Jesús dijo a sus discípulos: "Velen y estén preparados, porque no saben cuándo llegará el momento. Así como un hombre que se va de viaje, deja su casa y encomienda a cada quien lo que debe hacer y encarga al portero que esté velando, así también velen ustedes, pues no saben a qué hora va a regresar el dueño de la casa: si al anochecer, a la medianoche, al canto del gallo o a la madrugada. No vaya a suceder que llegue de repente y los halle durmiendo. Lo que les digo a ustedes, lo digo para todos: permanezcan alerta".

Palabra del Señor.
R. Gloria a ti, Señor Jesús.

Para platicar CON DIOS

Hoy, Señor, empezamos la preparación para Navidad. Ya en las tiendas hay muchas esferas, árboles, festones, arreglos. Pero sé que lo importante es el corazón.

Ayúdame a saber recibirte. No quiero ser como esa familia que tenía muuuuchos regalos, muuuucha comida, muuuuchos arreglos, pero nadie se acordó, esa noche de Navidad de pensar en ti, ni recordar por qué habías nacido y por qué lo habías hecho en un humilde pesebre.

Jesús, necesitamos que vengas a nacer hoy en nuestro corazón.

Yo los he bautizado a ustedes...

■ **7 de diciembre** / 2º Domingo de Adviento / **Morado**

Dios nos pide que preparemos el camino de Jesús que viene a nacer entre nosotros para cuidarnos, como el pastor a su rebaño.

Del libro del profeta Isaías 40, 1-5. 9-11

"Consuelen, consuelen a mi pueblo, dice nuestro Dios. Hablen al corazón de Jerusalén y díganle a gritos que ya terminó el tiempo de su servidumbre y que ya ha satisfecho por sus iniquidades, porque ya ha recibido de manos del Señor castigo doble por todos sus pecados".

Una voz clama: "Preparen el camino del Señor en el desierto, construyan en el páramo una calzada para nuestro Dios. Que todo valle se eleve, que todo monte y colina se rebajen; que lo torcido se enderece y lo escabroso se allane. Entonces se revelará la gloria del Señor y todos los hombres la verán". Así ha hablado la boca del Señor. Sube a lo alto del monte, mensajero de buenas nuevas para Sión; alza con fuerza la voz, tú que anuncias noticias alegres a Jerusalén. Alza la voz y no temas; anuncia a los ciudadanos de Judá: "Aquí está su Dios. Aquí llega el Señor, lleno de poder, el que con su brazo lo domina todo. El premio de su victoria lo acompaña y sus trofeos lo anteceden. Como pastor apacentará su rebaño; llevará en sus brazos a los corderitos recién nacidos y atenderá solícito a sus madres".

Palabra de Dios.
R. Te alabamos, Señor.

Del Salmo 84

R. Muéstranos, Señor, tu misericordia y danos al Salvador.

Escucharé las palabras del Señor, palabras de paz para su pueblo santo. Está ya cerca nuestra salvación y la gloria del Señor habitará en la tierra. **R.**

La misericordia y la verdad se encontraron, la justicia y la paz se besaron, la fidelidad brotó en la tierra y la justicia vino del cielo. **R.**

Cuando el Señor nos muestre su bondad, nuestra tierra producirá su fruto. La justicia le abrirá camino al Señor e irá siguiendo sus pisadas. **R.**

2ª Lectura

Esperamos un cielo nuevo y una tierra nueva.

De la segunda carta del apóstol san Pedro 3, 8-14

Queridos hermanos: No olviden que para el Señor, un día es como mil años y mil años, como un día. No es que el Señor se tarde, como algunos suponen, en cumplir su promesa, sino que les tiene a ustedes mucha paciencia, pues no quiere que nadie perezca, sino que todos se arrepientan. El día del Señor llegará como los ladrones. Entonces los cielos desaparecerán con gran estrépito, los elementos serán destruidos por el fuego y perecerá la tierra con todo lo que hay en ella. Puesto que todo va a ser destruido, piensen con cuánta santidad y entrega deben vivir ustedes esperando y apresurando el advenimiento del día del Señor, cuando desaparecerán los cielos, consumidos por el fuego, y se derretirán los elementos. Pero nosotros confiamos en la promesa del Señor y esperamos un cielo nuevo y una tierra nueva, en que habite la justicia. Por lo tanto, queridos hermanos, apoyados en esta esperanza, pongan todo su empeño en que el Señor los halle en paz con él, sin mancha ni reproche.

Palabra de Dios.   *R. Te alabamos, Señor.*

Evangelio

Juan el Bautista es enviado por Dios para prepararle a Jesús un pueblo abierto a recibirlo.

Del santo Evangelio según san Marcos 1, 1-8

Éste es el principio del Evangelio de Jesucristo, Hijo de Dios. En el libro del profeta Isaías está escrito: *He aquí que yo envío a mi mensajero delante de ti, a preparar tu camino. Voz del que clama en el desierto: "Preparen el camino del Señor, enderecen sus senderos".* En cumplimiento de esto, apareció en el desierto Juan el Bautista predicando un bautismo de conversión, para el perdón de los pecados. A él acudían de toda la comarca de Judea y muchos habitantes de Jerusalén; reconocían sus pecados y él los bautizaba en el Jordán. Juan usaba un vestido de pelo de camello, ceñido con un cinturón de cuero y se alimentaba de saltamontes y miel silvestre. Proclamaba: "Ya viene detrás de mí uno que es más poderoso que yo, uno ante quien no merezco ni siquiera inclinarme para desatarle la correa de sus sandalias. Yo los he bautizado a ustedes con agua, pero él los bautizará con el Espíritu Santo".

Palabra del Señor. R. Gloria a ti, Señor Jesús.

Juan, el Bautista, fue el profeta enviado por Dios para preparar al pueblo a recibir al Mesías con un corazón bien dispuesto.

Lo llaman Bautista porque bautizaba a las personas en el agua del río Jordán, para expresar el deseo de limpiarse de sus egoísmos y estar a la disposición de la generosidad de Dios al enviar al Mesías.

Era hijo de Zacarías y de santa Isabel, prima de la Virgen María. Por lo mismo era primo de Jesús.

Murió mártir por cumplir con su misión de profeta, en la cárcel, por órdenes del rey Herodes.

Bendito
el fruto de tu vientre

■ **12 de diciembre** / Nuestra Señora de Guadalupe / **Blanco**

1ª Lectura

He aquí que la virgen concebirá y dará a luz un hijo.

Del libro del profeta Isaías 7, 10-14

En aquellos tiempos, el Señor le habló a Ajaz diciendo: "Pide al Señor, tu Dios, una señal de abajo, en lo profundo o de arriba, en lo alto". Contestó Ajaz: "No la pediré. No tentaré al Señor". Entonces dijo Isaías: "Oye, pues, casa de David: ¿No satisfechos con cansar a los hombres, quieren cansar también a mi Dios? Pues bien, el Señor mismo les dará por eso una señal: He aquí que la virgen concebirá y dará a luz un hijo y le pondrán el nombre de Emmanuel, que quiere decir Dios-con-nosotros".

Palabra de Dios.
R. Te alabamos, Señor.

O bien:

Yo soy la madre del amor. Vengan a mí, los que me aman.

Del libro del Sirácide (Eclesiástico) 24, 23-31

Yo soy como una vid de fragantes hojas y mis flores son producto de gloria y de riqueza. Yo soy la madre del amor, del temor, del conocimiento y de la santa esperanza. En mí está toda la gracia del camino y de la verdad, toda esperanza de vida y de virtud. Vengan a mí, ustedes, los que me aman y aliméntense de mis frutos. Porque mis palabras son más dulces que la miel y mi heredad, mejor que los panales. Los que me coman seguirán teniendo hambre de mí, los que me beban seguirán teniendo sed de mí; los que me escuchan no tendrán de qué avergonzarse y los que se dejan guiar por mí no pecarán. Los que me honran tendrán una vida eterna.

Palabra de Dios.
R. Te alabamos, Señor.

Del Salmo 66

**R. Que te alaben, Señor,
todos los pueblos.**

Ten piedad de nosotros y bendícenos;
vuelve, Señor, tus ojos a nosotros.
Que conozca la tierra tu bondad
y los pueblos tu obra salvadora. **R.**

Las naciones con júbilo te canten,
porque juzgas al mundo con justicia;
con equidad tú juzgas a los pueblos
y riges en la tierra a las naciones. **R.**

Que te alaben, Señor, todos los pueblos,
que los pueblos te aclamen todos
juntos. Que nos bendiga Dios y que le
rinda honor el mundo entero. **R.**

2ª Lectura

**Dios envió a su Hijo,
nacido de una mujer.**

De la carta del apóstol
san Pablo a los gálatas 4, 4-7

Hermanos: Al llegar la plenitud de los
tiempos, envió Dios a su Hijo, nacido
de una mujer, nacido bajo la ley, para
rescatar a los que estábamos bajo la
ley, a fin de hacernos hijos suyos. Puesto
que ya son ustedes hijos, Dios envió a
sus corazones el Espíritu de su Hijo, que
clama: "¡Abbá!", es decir, ¡Padre! Así
que ya no eres siervo, sino hijo; y siendo
hijo, eres también heredero por voluntad de Dios.

Palabra de Dios.
R. Te alabamos, Señor.

Evangelio

**Bendita tú entre las
mujeres y bendito el
fruto de tu vientre.**

Del santo Evangelio se-
gún san Lucas 1, 39-48

En aquellos días, María se encaminó
presurosa a un pueblo de las montañas de Judea y, entrando en la casa de
Zacarías, saludó a Isabel. En cuanto ésta
oyó el saludo de María, la criatura saltó
en su seno. Entonces Isabel quedó llena
del Espíritu Santo y, levantando la voz,
exclamó: "¡Bendita tú entre las mujeres
y bendito el fruto de tu vientre! ¿Quién
soy yo, para que la madre de mi Señor
venga a verme? Apenas llegó tu saludo
a mis oídos, el niño saltó de gozo en mi
seno. Dichosa tú, que has creído, porque
se cumplirá cuanto te fue anunciado de
parte del Señor". Entonces dijo María:
"Mi alma glorifica al Señor y *mi espíritu
se llena de júbilo en Dios, mi salvador,*
porque *puso sus ojos en la humildad de
su esclava".*

Palabra del Señor.
R. Gloria a ti, Señor Jesús.

PARA PROBAR TU INTELIGENCIA

La Virgen de Guadalupe se aparece en el año de 1531 d.C., diez años después de
la conquista. Dulce, morenita, sus ojos entornados y las manos juntitas, vino para
consolar nuestras penas y acoger nuestras oraciones. Pidió una sola cosa: una
casita para quedarse entre nosotros. Un símbolo de la casa que quería para sus
hijos como madre para todos los mexicanos. Quería que construyéramos México,
la casa de todos los mexicanos.

**Di qué te parece que ya tiene nuestra casa (☑) y qué le falta aún (☒)
para ser la casa digna de todos los mexicanos.**

( ) sentir que todos los mexicanos somos hermanos.

( ) más trabajos para que no haya mexicanos que
arriesguen sus vidas y a sus familias por conseguir
un empleo como ilegales en Estados Unidos.

( ) compartir el cariño por la Virgen de Guadalupe.

( ) conseguir que no haya secuestros, narcotráfico,
corrupción, ni violencia.

( ) hacer un país más justo para todos.

( ) tener una bandera.

¿Por qué bautizas, si no eres el Mesías?

■ **14 de diciembre** / 3er Domingo de Adviento / **Morado o rosa**

1ª Lectura

Jesús nacerá para curar a los de corazón quebrantado por tanto dolor e injusticia.

Del libro del profeta Isaías 61, 1-2. 10-11

E l espíritu del Señor esta sobre mí, porque me ha ungido y me ha enviado para anunciar la buena nueva a los pobres, a curar a los de corazón quebrantado, a proclamar el perdón a los cautivos, la libertad a los prisioneros, y a pregonar el año de gracia del Señor. Me alegro en el Señor con toda el alma y me lleno de júbilo en mi Dios, porque me revistió con vestiduras de salvación y me cubrió con un manto de justicia, como el novio que se pone la corona, como la novia que se adorna con sus joyas. Así como la tierra echa sus brotes y el jardín hace germinar lo sembrado en él, así el Señor hará brotar la justicia y la alabanza ante todas las naciones.

Palabra de Dios. R. Te alabamos, Señor.

Lucas 1

R. Mi espíritu se alegra en Dios, mi salvador.

Mi alma glorifica al Señor y mi espíritu se llena de júbilo en Dios, mi salvador, porque puso los ojos en la humildad de su esclava. **R.**

Desde ahora me llamarán dichosa todas las generaciones, porque ha hecho en mí grandes cosas el que todo lo puede. Santo es su nombre, y su misericordia llega de generación en generación a los que lo temen. **R.**

A los hambrientos los colmó de bienes y a los ricos los despidió sin nada. Acordándose de su misericordia, vino en ayuda de Israel, su siervo. **R.**

Jesús nos da su Espíritu para que seamos siempre buenísimas ondas y así ayudarlo a nacer en nuestras vidas esta Navidad.

De la primera carta del apóstol san Pablo a los tesalonicenses 5, 16-24

Hermanos: Vivan siempre alegres, oren sin cesar, den gracias en toda ocasión, pues esto es lo que Dios quiere de ustedes en Cristo Jesús. No impidan la acción del Espíritu Santo, ni desprecien el don de profecía; pero sométanlo todo a prueba y quédense con lo bueno. Absténganse de toda clase de mal. Que el Dios de la paz los santifique a ustedes en todo y que todo su ser, espíritu, alma y cuerpo, se conserve irreprochable hasta la llegada de nuestro Señor Jesucristo. El que los ha llamado es fiel y cumplirá su promesa.

Palabra de Dios.   *R. Te alabamos, Señor.*

Evangelio

Juan el Bautista nos prepara a descubrir la presencia, llena de grandeza, de Jesús que viene a nacer esta Navidad.

Del santo Evangelio según san Juan 1, 6-8. 19-28

Hubo un hombre enviado por Dios, que se llamaba Juan. Éste vino como testigo, para dar testimonio de la luz, para que todos creyeran por medio de él. Él no era la luz, sino testigo de la luz. Éste es el testimonio que dio Juan el Bautista, cuando los judíos enviaron desde Jerusalén a unos sacerdotes y levitas para preguntarle: "¿Quién eres tú?" Él reconoció y no negó quién era. Él afirmó: "Yo no soy el Mesías". De nuevo le preguntaron: "¿Quién eres, pues? ¿Eres Elías?" Él les respondió: "No lo soy". "¿Eres el profeta?" Respondió: "No". Le dijeron: "Entonces dinos quién eres, para poder llevar una respuesta a los que nos enviaron. ¿Qué dices de ti mismo?" Juan les contestó: "*Yo soy la voz que grita en el desierto: 'Enderecen el camino del Señor*', como anunció el profeta Isaías". Los enviados, que pertenecían a la secta de los fariseos, le preguntaron: "Entonces ¿por qué bautizas, si no eres el Mesías, ni Elías, ni el profeta?" Juan les respondió: "Yo bautizo con agua, pero en medio de ustedes hay uno, al que ustedes no conocen, alguien que viene detrás de mí, a quien yo no soy digno de desatarle las correas de sus sandalias". Esto sucedió en Betania, en la otra orilla del Jordán, donde Juan bautizaba.

Palabra del Señor.
R. Gloria a ti, Señor Jesús.

Para platicar con Dios

Señor, hoy quiero pedirte que nos ayudes a tener un corazón que no esté encerrado en el egoísmo. Sólo sabemos hacer berrinches si no nos compran lo que se nos antoja o no nos dan el permiso para todo lo que se nos ocurre. Que sepamos pensar en los demás y por eso nos demos cuenta de que tenemos que ayudar en la casa para que no haya basura, arreglar nuestras cosas y ayudar en lo que se nos pida.

Que en la escuela sepamos respetar el orden necesario para que todos trabajemos y por eso estemos atentos a la maestra, no nos dediquemos a jugar o a platicar; y a la hora del juego sepamos ser alegres, invitar a los demás a participar y a darnos la mano.

Te pido también por todos los que viven atrapados en sus egoísmos y no les importa gritarle a la mamá si les pide un favor cuando están jugando; o para divertirse, no les importa burlarse de los otros niños, ponerles apodos que los humillen, acosarlos.

También te pido por la Iglesia para que ayudemos de veras a despertar el sentido de respeto, fraternidad, apoyo... todo aquello que sirve para construir la paz.

El ángel le dijo:
"No temas, María..."

■ **21 de diciembre** / 4° Domingo de Adviento / **Morado**

1ª Lectura

El profeta Natán profetiza el nacimiento del Mesías de la familia del rey David.

Del segundo libro de Samuel 7, 1-5. 8-12. 14. 16

Tan pronto como el rey David se instaló en su palacio y el Señor le concedió descansar de todos los enemigos que lo rodeaban, el rey dijo al profeta Natán: "¿Te has dado cuenta de que yo vivo en una mansión de cedro, mientras el arca de Dios sigue alojada en una tienda de campaña?" Natán le respondió: "Anda y haz todo lo que te dicte el corazón, porque el Señor está contigo". Aquella misma noche habló el Señor a Natán y le dijo: "Ve y dile a mi siervo David que el Señor le manda decir esto: '¿Piensas que vas a ser tú el que me construya una casa para que yo habite en ella? Yo te saqué de los apriscos y de andar tras las ovejas, para que fueras el jefe de mi pueblo, Israel. Yo estaré contigo en todo lo que emprendas, acabaré con tus enemigos y te haré tan famoso como los hombres más famosos de la tierra. Le asignaré un lugar a mi pueblo, Israel; lo plantaré allí para que habite en su propia tierra. Vivirá tranquilo y sus enemigos ya no lo oprimirán más, como lo han venido haciendo desde los tiempos en que establecí jueces para gobernar a mi pueblo, Israel. Y a ti, David, te haré descansar de todos tus enemigos. Además, yo, el Señor, te hago saber que te daré una dinastía; y cuando tus días se hayan cumplido y descanses para siempre con tus padres, engrandeceré a tu hijo, sangre de tu sangre, y consolidaré su reino. Yo seré para él un padre y él será para mí un hijo. Tu casa y tu reino permanecerán para siempre ante mí, y tu trono será estable eternamente' ".

Palabra de Dios.   *R. Te alabamos, Señor.*

Del Salmo 88

R. Proclamaré sin cesar la misericordia del Señor.

Proclamaré sin cesar la misericordia del Señor y daré a conocer que su fidelidad es eterna, pues el Señor ha dicho: "Mi amor es para siempre y mi lealtad, más firme que los cielos. **R.**

Un juramento hice a David, mi servidor, una alianza pacté con mi elegido: 'Consolidaré tu dinastía para siempre y afianzaré tu trono eternamente'. **R.**

Él me podrá decir: 'Tú eres mi padre, el Dios que me protege y que me salva'. Yo jamás le retiraré mi amor, ni violaré el juramento que le hice". **R.**

2ª Lectura

Agradecemos a Dios que con el nacimiento de Jesús revele el misterio de su amor a todas las naciones.

De la carta del apóstol san Pablo a los romanos 16, 25-27

Hermanos: A aquel que puede darles fuerzas para cumplir el Evangelio que yo he proclamado, predicando a Cristo, conforme a la revelación del misterio, mantenido en secreto durante siglos, y que ahora, en cumplimiento del designio eterno de Dios, ha quedado manifestado por las Sagradas Escrituras, para atraer a todas las naciones a la obediencia de la fe, al Dios único, infinitamente sabio, démosle gloria, por Jesucristo, para siempre. Amén.

Palabra de Dios.
R. Te alabamos, Señor.

Evangelio

El arcángel san Gabriel le pide a la Virgen María que sea la mamá del Niño Dios.

Del santo Evangelio según san Lucas 1, 26-38

En aquel tiempo, el ángel Gabriel fue enviado por Dios a una ciudad de Galilea, llamada Nazaret, a una virgen desposada con un varón de la estirpe de David, llamado José. La virgen se llamaba María.

Entró el ángel a donde ella estaba y le dijo: "Alégrate, llena de gracia, el Señor está contigo". Al oír estas palabras, ella se preocupó mucho y se preguntaba qué querría decir semejante saludo.

El ángel le dijo: "No temas, María, porque has hallado gracia ante Dios. Vas a concebir y a dar a luz un hijo y le pondrás por nombre Jesús. Él será grande y será llamado Hijo del Altísimo; el Señor Dios le dará el trono de David, su padre, y él reinará sobre la casa de Jacob por los siglos y su reinado no tendrá fin".

María le dijo entonces al ángel: "¿Cómo podrá ser esto, puesto que yo permanezco virgen?" El ángel le contestó: "El Espíritu Santo descenderá sobre ti y el poder del Altísimo te cubrirá con su sombra. Por eso, el Santo, que va a nacer de ti, será llamado Hijo de Dios. Ahí tienes a tu parienta Isabel, que a pesar de su vejez, ha concebido un hijo y ya va en el sexto mes la que llamaban estéril, porque no hay nada imposible para Dios". María contestó: "Yo soy la esclava del Señor; cúmplase en mí lo que me has dicho". Y el ángel se retiró de su presencia.

Palabra del Señor.   *R. Gloria a ti, Señor Jesús.*

PASTORELA
¡Una Navidad sin chats!

En el centro de los mismísimos infiernos se oyó un grito que oscureció la negra noche y los fogones de las calderas languidecieron como si el último gasolinazo los hubiera dejado exhaustos.

● ¡No es posible! - rugió el más diablo de los diablos- ¡Esto es terrible!

● ¿Qué sucedió, mi señor? —musitó el diablo menor- ¿Acaso el sindicato petrolero se nos fue de las manos...?

● Bien podría ser ésta una de sus consecuencias. ¡Pero esto es algo muchíiiiiiisimo peor!

● ¿Peor que esto? ¿Acaso los humanos dieron con la vacuna del antiegoísmo?

● ¡No! ¡Aún no! ¡Pero están a punto de tenerla! Y cuando la hallen, los niños van a asombrarse de que es bonito no estar encerrados en sí mismos, van a experimentar que es lindo ayudar a sus papitos, tener amigos, jugar limpio, ver de veras unos por otros, compartir las cosas porque se unen de corazón.

● ¡Qué horror! ¡Nos quedaremos sin reemplazos para secuestradores, narcos, policías corruptos... prácticamente todas nuestras fuerzas básicas, para no meternos en política! ¿Pues qué pasó?

● ¡La Virgen le dijo al Omnipotente que contara con ella para que naciera el Niño Dios!

● ¡Noooooo!

● ¡Síiiiii!

● ¿Y tienes algún plan, aunque sea a seis meses sin intereses?

● Me desacreditas con esa pregunta. Por eso soy el más diablo de los diablos.

Los diablos se sumergen más en la oscuridad de las tinieblas infernales y reaparecen en Belén de Judá. En un dos por tres un ejército de diablos promotores cargados de pantallas de plasma 3D, celulares, juegos electrónicos y computadoras portátiles... van de puerta en puerta entregando zalameramente a los asombrados pastores y aldeanos todo tipo de artículos...

● ¡Esta es mi mejor arma, la de última generación —exclamó orgulloso el más diablo de los diablos-. Tiene éxito absoluto en el siglo XXI! Con ella, logro que los matrimonios se disuelvan, que nunca haya diálogo en las familias, que los novios se casen con novios virtuales que cuando se vuelven reales, ¡¡¡Pufff!!!, truena eso...

● ¿Y cómo funciona eso?

● Es muuuuy simple: a los seres humanos los vuelve autistas electrónicos: viven encerrados en su mundo virtual sin fijarse en sus seres queridos, en sus amigos, en los seres reales que los rodean. Los aleja tanto de la realidad que chocan en sus autos por contestar un mensajito en su celular.

● Sí que eres diablo —le dijo embobado el diablo menor al más diablo de los diablos—.

● Cuando nazca el Niño Dios, ni quien le haga caso a los ángeles que lo anuncien para que los pastores vayan a adorarlo, porque todos estarán prendidos de un celular o viendo su tele de plasma.

Llegada la media noche de Navidad, unos cantos angélicos se oyen por todo Belén y un enjambre de vacilantes flamitas comienzan a moverse desde todos los rincones de la aldea y los campos para detenerse en el viejo portal donde los pastores se resguardan para vigilar sus rebaños por las noches. Las luces iluminan los rostros de los pastores y aldeanos que miran arrobados al recién nacido Niño Dios.

Ante esto, a lo lejos se oyen dos voces cavernosas discutiendo:

● ¿Qué nos falló? —exclama fúrico el más diablo de los diablos-.

● Creo que nos falló la tecnología, jefe. En el siglo primero todavía no se ha inventado la electricidad para hacer funcionar los chats, ni las teles, ni las *tablets*.

● No se engañen malvados diablos. No fue un problema tecnológico —tercia el invicto arcángel san Miguel-. Fue el triunfo del poder de Dios que hace resonar en el corazón de todos los hombres de buena voluntad el llamado a la paz que trae el Hijo de Dios, hecho niño, en el portal de Belén, aunque haya celulares, teles o *tablets*.

Y a Miguel se une una legión de ángeles en el cielo que entonan sobre el portal de Belén:

- ¡Gloria a Dios en el cielo
y paz a los hombres
de buena
voluntad!

- ¡FELIZ NAVIDAD!

Aquél que es la Palabra era la luz verdadera

■ **25 de diciembre** / Natividad de nuestro Señor (Misa del día) / **Blanco**

1ª Lectura

Con el nacimiento del Niño Jesús la tierra entera verá la salvación que viene de nuestro Dios.

Del libro del profeta Isaías 52, 7-10

¡Qué hermoso es ver correr sobre los montes al mensajero que anuncia la paz, al mensajero que trae la buena nueva, que pregona la salvación, que dice a Sión: "Tu Dios es rey"! Escucha: Tus centinelas alzan la voz y todos a una gritan alborozados, porque ven con sus propios ojos al Señor, que retorna a Sión.

Prorrumpan en gritos de alegría, ruinas de Jerusalén, porque el Señor rescata a su pueblo, consuela a Jerusalén. Descubre el Señor su santo brazo a la vista de todas las naciones. Verá la tierra entera la salvación que viene de nuestro Dios.

Palabra de Dios.   *R. Te alabamos, Señor.*

Del Salmo 97

R. Toda la tierra ha visto al Salvador.

Cantemos al Señor un canto nuevo, pues ha hecho maravillas. Su diestra y su santo brazo le han dado la victoria. **R.**

El Señor ha dado a conocer su victoria y ha revelado a las naciones su justicia. Una vez más ha demostrado Dios su amor y su lealtad hacia Israel. **R.**

La tierra entera ha contemplado la victoria de nuestro Dios. Que todos los pueblos y naciones aclamen con júbilo al Señor. **R.**

Cantemos al Señor al son del arpa, suenen los instrumentos. Aclamemos al son de los clarines al Señor, nuestro rey. **R.**

2ª Lectura

Al nacer Jesús, Dios nos ha hablado a través de él.

De la carta a los hebreos 1, 1-6

En distintas ocasiones y de muchas maneras habló Dios en el pasado a nuestros padres, por boca de los profetas. Ahora, en estos tiempos, que son los últimos, nos ha hablado por medio de su Hijo, a quien constituyó heredero de todas las cosas y por medio del cual hizo el universo. El Hijo es el resplandor de la gloria de Dios, la imagen fiel de su ser y el sostén de todas las cosas con su palabra poderosa. Él mismo, después de efectuar la purificación de los pecados, se sentó a la diestra de la majestad de Dios, en las alturas, tanto más encumbrado sobre los ángeles, cuanto más excelso es el nombre que, como herencia, le corresponde. Porque ¿a cuál de los ángeles le dijo Dios: *Tú eres mi Hijo; yo te he engendrado hoy?* ¿O de qué ángel dijo Dios: *Yo seré para él un padre y él será para mí un hijo?* Además, en otro pasaje, cuando introduce en el mundo a su primogénito, dice: *Adórenlo todos los ángeles de Dios.*

Palabra de Dios.
R. Te alabamos, Señor.

PARA PROBAR TU
INTELIGENCIA

Dios no improvisó que su Hijo viniera a nacer entre nosotros: quería que fuéramos la pura onda, como lo es Jesús.

Los cristianos de origen judío (por eso se llama "a los hebreos", segunda lectura), del puerto de Alejandría, en el delta del Nilo (Egipto), andaban dudando sobre si había sido lo adecuado haberse hecho cristianos. Extrañaban las ceremonias judías, el templo, y además, no llegaba el retorno de Jesús para juzgar a vivos y muertos, al final del tiempo... Esta exhortación es muy bonita. Nos hace ver que Dios fue preparando que su Hijo viniera a nacer entre nosotros. Así, habló Dios en el pasado paso a paso para preparar a su pueblo al nacimiento de Jesús. Por eso:

Une con una línea lo hecho por Dios y a quién se lo encomendó.

Hizo la Alianza con:	• **Moisés**
Realizó el Éxodo del pueblo de Israel con:	• **Abraham**
Le prometió que un descendiente suyo sería el Mesías	• **Isaías y los Profetas**
Profetizaron la llegada del Mesías	• **Juan el Bautista**
Le tocó presentar a Jesús como el Mesías	• **el Rey David**

Evangelio

Jesús es la Palabra de Dios Padre que se hizo hombre y vino a vivir entre nosotros.

Del santo Evangelio según san Juan 1, 1-18

En el principio ya existía aquel que es la Palabra, y aquel que es la Palabra estaba con Dios y era Dios. Ya en el principio él estaba con Dios. Todas las cosas vinieron a la existencia por él y sin él nada empezó de cuanto existe. Él era la vida, y la vida era la luz de los hombres. La luz brilla en las tinieblas y las tinieblas no la recibieron.

Hubo un hombre enviado por Dios, que se llamaba Juan. Éste vino como testigo, para dar testimonio de la luz, para que todos creyeran por medio de él. Él no era la luz, sino testigo de la luz.

Aquel que es la Palabra era la luz verdadera, que ilumina a todo hombre que viene a este mundo. En el mundo estaba; el mundo había sido hecho por él y, sin embargo, el mundo no lo conoció.

Vino a los suyos y los suyos no lo recibieron; pero a todos los que lo recibieron les concedió poder llegar a ser hijos de Dios, a los que creen en su nombre, los cuales no nacieron de la sangre, ni del deseo de la carne, ni por voluntad del hombre, sino que nacieron de Dios. Y aquel que es la Palabra se hizo hombre y habitó entre nosotros. Hemos visto su gloria, gloria que le corresponde como a Unigénito del Padre, lleno de gracia y de verdad. Juan el Bautista dio testimonio de él, clamando: "A éste me refería cuando dije: 'El que viene después de mí, tiene precedencia sobre mí, porque ya existía antes que yo' ". De su plenitud hemos recibido todos gracia sobre gracia. Porque la ley fue dada por medio de Moisés, mientras que la gracia y la verdad vinieron por Jesucristo. A Dios nadie lo ha visto jamás. El Hijo unigénito, que está en el seno del Padre, es quien lo ha revelado.

Palabra del Señor.
R. Gloria a ti, Señor Jesús.

Para platicar con Dios

El llanto rasga la noche de Belén y la oscuridad envuelve el corazón humano. La dulzura de María envuelve con cariño al Niño Dios recién nacido para brindarle calor y darle un beso lleno de dulzura. Es tan pequeñito y tan frágil que hace verse ridículos nuestros muros de acero y nuestras sofisticadas armas para asesinarnos y destruirnos.

Por fin se duerme y su boquita se relaja. Respira quedito. Por primera vez sueña como soñamos todos como niños. Llegará el día en que soñará los sueños de Dios y con ellos alimentará nuestro corazón y tratará de que sean también nuestro alimento.

Todavía no sabe que el camino para llenar nuestro corazón de esos sueños pasará por la pesadilla del sufrimiento, la incomprensión y el calvario de la cruz. Pero sus primeras lágrimas se lo hacen presentir a María.

Pero eso será caminando el tiempo. Hoy, Jesús duerme. Siente la inmensa paz del descanso en los brazos amorosos de la Virgen María. Llegará el día en que esa dicha querrá que sea nuestra y nos dará a María para que nos acurruque y nos envuelva y llene de esa paz.

Descansa. Estás entre amigos.
Danos siempre estar contigo.

El Niño Jesús
es presentado en el templo

■ **28 de diciembre** / Sagrada Familia de Jesús, María y José / **Blanco**

1ª Lectura

Gracias a su fe, Dios le da al patriarca Abraham una familia al nacer Isaac.

Del libro del Génesis 15, 1-6; 21, 1-3

En aquel tiempo, el Señor se le apareció a Abram y le dijo: "No temas, Abram. Yo soy tu protector y tu recompensa será muy grande". Abram le respondió: "Señor, Señor mío, ¿qué me vas a poder dar, puesto que voy a morir sin hijos? Ya que no me has dado descendientes, un criado de mi casa será mi heredero".

Pero el Señor le dijo: "Ése no será tu heredero, sino uno que saldrá de tus entrañas". Y haciéndolo salir de la casa, le dijo: "Mira el cielo y cuenta las estrellas, si puedes". Luego añadió: "Así será tu descendencia". Abram creyó lo que el Señor le decía y, por esa fe, el Señor lo tuvo por justo.

Poco tiempo después, el Señor tuvo compasión de Sara, como lo había dicho y le cumplió lo que le había prometido. Ella concibió y le dio a Abraham un hijo en su vejez, en el tiempo que Dios había predicho. Abraham le puso por nombre Isaac al hijo que le había nacido de Sara.

Palabra de Dios.
R. Te alabamos, Señor.

Del Salmo 104

R. El Señor nunca olvida sus promesas.

Aclamen al Señor y denle gracias relaten sus prodigios a los pueblos. Entonen en su honor himnos y cantos, celebren sus portentos. **R.**

Del nombre del Señor enorgullézcanse y siéntase feliz el que lo busca. Recurran al Señor y a su poder y a su presencia acudan. **R.**

Recuerden los prodigios que él ha hecho, sus portentos y oráculos, descendientes de Abraham, su servidor, estirpe de Jacob, su predilecto. **R.**

Ni aunque transcurran mil generaciones, se olvidará el Señor de sus promesas, de la alianza pactada con Abraham, del juramento a Isaac, que un día le hiciera. **R.**

2ª Lectura

Abraham, Sara e Isaac son un modelo de fe; por ella, posibilitan que Dios realice su plan al nacer Jesús.

De la carta a los hebreos 11, 8. 11-12. 17-19

Hermanos: Por su fe, Abraham, obediente al llamado de Dios, y sin saber a dónde iba, partió hacia la tierra que habría de recibir como herencia. Por su fe, Sara, aun siendo estéril y a pesar de su avanzada edad, pudo concebir un hijo, porque creyó que Dios habría de ser fiel a la promesa; y así, de un solo hombre, ya anciano, nació una descendencia, numerosa como las estrellas del cielo e incontable como las arenas del mar. Por su fe, Abraham, cuando Dios le puso una prueba, se dispuso a sacrificar a Isaac, su hijo único, garantía de la promesa, porque Dios le había dicho: *De Isaac nacerá la descendencia que ha de llevar tu nombre.* Abraham pensaba, en efecto, que Dios tiene poder hasta para resucitar a los muertos; por eso le fue devuelto Isaac, que se convirtió así en un símbolo profético.

Palabra de Dios.
R. Te alabamos, Señor.

Evangelio

El Niño Jesús es presentado en el templo como hijo de la familia de san José y de la Virgen María.

Del santo Evangelio según san Lucas 2, 22-40

Transcurrido el tiempo de la purificación de María, según la ley de Moisés, ella y José llevaron al niño a Jerusalén para presentarlo al Señor, de acuerdo con lo escrito en la ley: *Todo primogénito varón será consagrado al Señor,* y también para ofrecer, como dice la ley, *un par de tórtolas o dos pichones.* Vivía en Jerusalén un hombre llamado Simeón, varón justo y temeroso de Dios, que aguardaba el consuelo de Israel; en él moraba el Espíritu Santo, el cual le había revelado que no moriría sin haber visto antes al Mesías del Señor. Movido por el Espíritu, fue al templo, y cuando José y María entraban con el niño Jesús para cumplir con lo prescrito por la ley, Simeón lo tomó en brazos y bendijo a Dios, diciendo: "Señor, ya puedes dejar morir en paz a tu siervo, según lo que me habías prometido, porque mis ojos han visto a tu Salvador, al que has preparado para bien de todos los pueblos; luz que alumbra a las naciones y gloria de tu pueblo, Israel".

El padre y la madre del niño estaban admirados de semejantes palabras. Simeón los bendijo, y a María, la madre de Jesús, le anunció: "Este niño ha sido puesto para ruina y resurgimiento de muchos en Israel, como signo que provocará contradicción, para que queden al descubierto los pensamientos de todos los corazones. Y a ti, una espada te atravesará el alma".

Había también una profetisa, Ana, hija de Fanuel, de la tribu de Aser. Era una mujer muy anciana. De joven, había vivido siete años casada y tenía ya ochenta y cuatro años de edad. No se apartaba del templo ni de día ni de noche, sirviendo a Dios con ayunos y oraciones. Ana se acercó en aquel momento, dando gracias a Dios y hablando del niño a todos los que aguardaban la liberación de Israel.

Y cuando cumplieron todo lo que prescribía la ley del Señor, se volvieron a Galilea, a su ciudad de Nazaret. El niño iba creciendo y fortaleciéndose, se llenaba de sabiduría y la gracia de Dios estaba con él.

Palabra del Señor.   R. *Gloria a ti, Señor Jesús.*

Para probar tu
INTELIGENCIA

Y Jesús quiso compartir lo más bonito de nuestra vida: tener un papá, una mamá... tener una familia.

Como Hijo de Dios Padre, Jesús ya tenía una familia que era:

(   ) san Pedro, san Pablo y san Juan

(   ) los Reyes magos

(   ) la Santísima Trinidad

Quienes le enseñaron a jugar, a hablar, a reír, a rezar, a tener amigos fueron:

(   ) san José que era carpintero y la Virgen María.

(   ) sus súper poderes.

(   ) su *tablet*.

Pero al igual que toooooodos los niños, lo que más necesitaba era:

(   ) una mamá, un papá y ser parte de una familia.

(   ) una lagartija como mascota, su juego electrónico y una playera firmada por un jugador famoso

(   ) un celular, un osito de peluche y unos tenis de marca.

PARA PLATICAR CON DIOS

Hoy, Señor, te quiero dar gracias por tener una familia que me quiere y me cuida. A ratos no me gusta que me manden y quisiera que cumplieran todos mis antojos. Y no sé por qué siempre nos andamos peleando los hermanos, aunque, aquí entre nos, sí los quiero y sospecho que ellos también me quieren.

Sé que hay muchas familias en las que el papá o la mamá o los dos están lejos trabajando o han muerto, o se han distanciado. Sé que muchos niños tienen como familia a sus abues, a sus tíos o a una familia que los ha recibido como sus hijos. También sé que hay niños que están solos esperando que los inviten a formar parte de una familia que los adopte, o que viven en las calles y duermen en algún escondite.

Por todos ellos hoy te quiero pedir. Que encuentren un cariño que les haga sentir que no deja de haber alguien que se interesa por ellos y los ayuda a crecer, a tener una vida plena, a querer y ser queridos.

Por eso hoy te pido que tú, María y José nos cuiden y bendigan

PALESTINA
en tiempos de Jesús

El país de Jesús

Características:

• Es un país pequeño: de Nazaret a Jerusalén hay 114 Kms.
• Es un país principalmente agrícola de clima Mediterráneo, un tanto árido, en donde se cultiva el trigo, la vid, el olivo y los higos.
• Es un país ocupado por tropas romanas.
• Es un país que tiene una larga historia. Cada rincón está lleno de recuerdos.
• Es un país situado en el cruce de continentes (Asia, Europa y África) y de las civilizaciones de Egipto, Babilonia, Asiria, Grecia, Roma...

Regiones:

• Al norte, Galilea, de clima agradable. Ahí Jesús pasa la mayor parte de su vida.
• En el centro, Samaria, región de montañas medias, interpuesta entre Galilea y Judea. Sus pobladores, los samaritanos, son mal vistos por sus hermanos los judíos.
• Al sur, Judea, región montañosa de clima y aspecto seco. Ahí está Jerusalén, la capital, que es la sede de las autoridades judías y romanas.

Geografía:

El país puede dividirse en cuatro franjas paralelas al mar:

• Una llana que corre a lo largo de la costa que es ancha al sur y se estrecha hacia el norte.
• Una cadena montañosa (algunas cimas sobrepasan los 1, 000 m) que en el sur es seca y desértica, pero que en el norte tiene valles más fértiles.
• Una hondonada muy profunda, la más profunda del planeta: el valle del Jordán con el lago Tiberíades al norte y el Mar Muerto al sur.
• Las mesetas del otro lado del Jordán, en las que se encuentran cimas que sobrepasan los 1, 200 m.

Los grupos sociales y el Mesías

En Israel todos los grupos conocían las profecías sobre la venida del Mesías. ¡Ah! Pero cada grupo aguardaba SU mesías.
• Los saduceos, conformados por los dirigentes de Jerusalén, era gente adinerada a la que no le iba mal con la dominación romana a quienes odiaban, pero de quienes se beneficiaban. Ellos preferían que no llegara un mesías y, si llegaba, que fuera egoísta como ellos y por eso que se la llevara tranquila con los romanos para que no perdieran sus privilegios.

• Los fariseos, gente muy religiosa, que esperaban al Mesías, se portaban muuuuuy bien para que cuando llegara los premiara y castigara a los que no lo hacían: a los romanos, por supuesto, pero también a los judíos que no seguían tooooodos los ritos de la Ley de Moisés (los "pecadores").

• Los zelotes eran como los guerrilleros de Israel que querían un mesías militar que acabara con los romanos.

• El pueblo sencillo aguardaba al Mesías que les mandaría Dios y esperaban les ayudara a salir de sus penas, de su explotación y de sus enfermedades...

Hoy

El país donde vivió Jesús, limita:
  • al noroeste con Líbano
  • al noreste con Siria
  • al este con Jordania
  • al sur con Egipto
  • y entremetidos en él, están los territorios palestinos.

INSTRUCCIONES
PARA ARMAR TU MAPA

1.- Recorta las cuatro hojas por la línea punteada.

2.- coloca las hojas de manera que coincidan todos los dibujos.

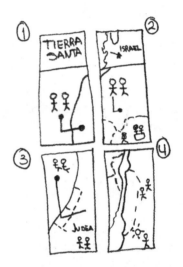

3.- Pégalas con cinta adeshiva.

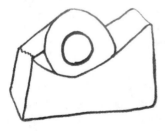

Corta aquí

Corta aquí

TIERRA SANTA
EN LOS TIEMPOS DE JESÚS.

Fenicia

7. Caná: Jesús hace su primer "signo" cuando va a una boda y convierte el agua en vino por petición de la Virgen María (Jn 2, 1-11).

ISRAEL →

8. Cesarea de Filipo, donde Simón le dijo a Jesús, "Tú eres el Mesías, el Hijo de Dios vivo". Y Jesús le cambió el nombre, de Simón por el de Pedro (Piedra) y le entregó las llaves del Reino para que todo lo que atara en la tierra quedara atado en el cielo (Mt 16, 13-20).

Siria

8

Mar de Galilea

6

Misal para niños

Misal para niños

Misal para niños

Misal para niños

Misal para niños

Corta aquí

Corta aquí

Ga

4. Huerto de los Olivos: en las orillas de Jerusalen. Jesús va ahí a orar con Pedro, Santiago y Juan, después de la Última Cena, y le pide a su Padre no tener que sufrir, pero que acepta lo que él disponga. Ahí llega Judas con los soldados y lo entrega con un beso en la mejilla (Mc 14, 32-52).

Samaria

3. Betania: era donde vivía María, Marta y Lázaro (Jn 11, 1) y donde María se puso a oír a Jesús mientras que Marta se perdía de "la mejor parte", por hacer el quehacer (Lc 10, 38-42); ahí María ungió los pies del Salvador (Mt 26, 6-3; Jn 12, 1-8). Ahí Jesús resucitó a Lázaro (Jn 11, 1-44).

Judea

2. Belén: fue donde Jesús nació, los ángeles anunciaron a los pastores su nacimiento y donde lo encontraron en un pesebre, envuelto en pañales (Lc 2, 8-20). Ahí la estrella guió a los magos hasta donde estaba Jesús (Mt 2, 2-12).

Misal para niños

Misal para niños

Misal para niños

Misal para niños

Misal para niños

Río Jordán

Mar Muerto

Corta aquí

Corta aquí

6. Mar de Galilea o de Tiberíades: donde Jesús conoció a Pedro y lo llamó junto con Andrés, Santiago y Juan para ser pescadores de hombres. Ahí se puso a enseñar desde una barca (Lc 5, 1-11). Ahí calmó la tempestad.

Decápolis

5. Río Jordán: es donde Juan el Bautista se presentó como "la voz que clama en el desierto" (Jn 1, 19-28, Mt 3, 1-4), y en donde Jesús fue a que él lo bautizara (Jn 1, 28-34).

1. Desierto de Judea: fue donde Jesús ayunó 40 días y fue tentado (Mt 4, 1-11).